# UNSERE LIEBE FRAU
## VON DEN
## SIEBEN SCHMERZEN

KARDINAL CHARLES JOURNET

# MATER DOLOROSA

## UNSERE LIEBE FRAU
## VON DEN
## SIEBEN SCHMERZEN

CHRISTIANA-VERLAG
STEIN AM RHEIN

Die französische Originalausgabe erschien unter dem Titel
«Mater Dolorosa — Notre-Dame des Sept Douleurs» ebenfalls
im CHRISTIANA-VERLAG, Stein am Rhein.

Aus dem Französischen übertragen von Anton Rohrbasser,
Fribourg.

2. Auflage 1974: 4.—8. Tausend

© CHRISTIANA-VERLAG
   CH-8260 STEIN AM RHEIN/SCHWEIZ

Buchdruckerei Schmid-Fehr, Goldach/St.Gallen
Printed in Switzerland

ISBN 3 7171 0574 4

# INHALT

# ANHANG

5

Und siehe, da war ein Mann zu Jerusalem, mit Namen Symeon, und dieser Mann war gerecht und gottesfürchtig, wartete auf den Trost Israels, und Heiliger Geist war auf ihm. Ihm war vom Heiligen Geist geoffenbart worden, er werde den Tod nicht schauen, bevor er den Messias des Herrn gesehen habe. Er kam auf Eingebung des Geistes in den Tempel, und als die Eltern das Kind hereinbrachten, um an ihm den Brauch des Gesetzes zu erfüllen, nahm er es in seine Arme, pries Gott und sprach:

«Nun entlässt Du, Herr, Deinen Knecht nach Deinem Wort in Frieden; denn meine Augen schauten Dein Heil, das Du bereitet hast vor allen Völkern als ein Licht zur Offenbarung für die Heiden und zur Verherrlichung Deines Volkes Israel.»

Sein Vater und seine Mutter wunderten sich über das, was über ihn gesagt wurde. Und Symeon segnete sie und sagte zu Maria, seiner Mutter: «Siehe, dieser ist bestimmt zum Falle und zur Auferstehung vieler in Israel und zu einem Zeichen, dem widersprochen wird — auch deine eigene Seele wird ein Schwert durchdringen —, damit offenbar werden die Gedanken vieler Herzen.»

Lukas 2, 25—35

# EINFÜHRUNG

*Der Schmerz der Gottesmutter geht weit über alles hinaus, was Menschenworte auszudrücken vermögen. Er bleibt ein Geheimnis zwischen Maria und ihrem Sohn. Das Wenige, was Gott davon der Welt kundgetan hat, ist in der schriftlich niedergelegten Offenbarung enthalten. Die Kirche bewahrt es mit liebevoller Sorgfalt. In ihrer Liturgie zum Fest der Sieben Schmerzen vertieft sie sich in dieses Geheimnis mit inniger Anteilnahme und ehrfürchtiger Liebe. Sie läßt sogar sehr schlichte Auslegungen zu, sofern sie zutreffend sind und nur die Absicht haben, ein unaussprechliches Geheimnis in behutsame Worte zu fassen, um die Menschen vor Fehldeutungen oder Mißachtung zu bewahren. Aber sie weiß sehr wohl, daß die inspirierten Schriftworte ohne jede Zutat, wenn sie mit lebendigem Glaubensgeist aufgenommen und im Lichte der übernatürlichen Gaben des Verstandes und der Weisheit betrachtet werden, die einzigartige Kraft in sich bergen, die Seele vom knappen Wortlaut des Berichtes an den innersten Kern des geoffenbarten Geheimnisses heranzuführen. Daher legt uns die Liturgie der Kirche mit unwandelbarer Treue Jahr für Jahr die großen Texte des Evangeliums immer wieder zur Beherzigung vor.*

✳

*Betrachten wir die Liebe zwischen Jesus und seiner Mutter. Im Herzen Jesu kann sie nicht wachsen, weil sie gleich zu Beginn ihr volles, überfließendes Maß erreicht. Sie wird es auch in alle Ewigkeit behalten. Es ist ein so hohes Maß, daß es durch nichts vermehrt werden kann.*

*Im Herzen seiner Mutter hingegen kann die Liebe wachsen. Zwar ist sie wunderbar vom ersten Augenblick an, eine Verbindung vom Herrlichsten, was die Ordnung der Natur und jene der Gnade zu bieten haben. In der natürlichen Ordnung ist es die gefühlsmäßige Liebe Mariens zu einem Kinde, das in ihr, als es sie zu seiner Mutter erwählte, die Jungfräulichkeit nicht verletzte, sondern besiegelte; sie hat es zur Welt gebracht ohne jeden Schmerz, ohne von dieser Geburt mehr verletzt zu sein als die Glasscheibe vom Lichtstrahl, der sie durchdringt. In der Gnadenordnung ist es die Liebe eines übernatürlich reinen Herzens, das vor jedem Sündenmakel bewahrt blieb, das sich beim ersten Schlag schon Gott zuwandte und wo die Liebe stets ihr volles Maß hatte, gleich einem randvollen Bächlein, das anschwillt und zum breiten Strome wird.*

*Die Liebe der Jungfrau Maria zu ihrem Sohn, die von Anfang an vollkommen war, ist zugleich eine wachsende Liebe. Ihre anfängliche Vollkommenheit ist der Vollkommenheit des Keimes vergleichbar. Er muß sprossen und zur Vollkommenheit der Frucht gelangen. Und zwar strebt alles diesem Ziele zu. Vorerst die Fügsamkeit Mariens. Eine feinfühlige und hellsichtige Fügsamkeit, die von Minute zu Minute bereitwillig im gleichen Maße wächst, als die göttlichen Anforderungen nach und nach kundgetan werden. Diese Fügsamkeit steigerte sich in wunderbarer Weise in dem Augenblick, als Maria durch die Botschaft des Engels ihre Berufung vernahm und sie ihm mit ihren Worten und ihrem Herzen die Antwort gab: «Siehe, ich bin die Magd des Herrn; mir geschehe nach deinem Wort» (Lk.1,38). Sie wird weiterhin mit Riesenschritten zunehmen bis zum Tode Mariens.*

*Es muß auch so sein.* Denn im Augenblick der Menschwerdung trägt sie Jenen unter ihrem Herzen, der kommt, um sie in den unbekannten Anforderungen der Liebe zu unterweisen. Er verlangt von ihr mehr als von allen anderen. Und so wird er in ihr das Wachstum der Liebe fördern. Keine Liebe hienieden ist ihm ja so teuer, wie diese Liebe seiner Mutter. Er wird es selber übernehmen, sie zu lenken. Hier wird es nicht wie sonst in erster Linie die Mutter sein, die schenkt, und das Kind, das empfängt. Das Kind ist Lehrmeister der Liebe. Er wird sie auf so geheimnisvollen und so schmerzensreichen Höhenwegen führen, daß man deutlich sehen wird, daß er für seine Mutter jene Wahl trifft, die sein himmlischer Vater für ihn getroffen hatte: «Ich habe eine Taufe zu empfangen, und wie drängt es mich, bis sie vollzogen ist!» (*Lk. 12,49*).

Ergründen wir an Hand der sichtbaren Zeichen, die das Evangelium uns davon überliefert, das geheimnisvolle Gesetz, das dem steilen Aufschwung der Liebe im Herzen Mariens Antrieb und Richtung gab.

*

Alle Härten des himmlischen Vaters für seinen Sohn, auf den er doch mit Wohlgefallen herabblickte, scheint dieser gewissermaßen gegen seine inniggeliebte Mutter zu wenden. Den Kelch, der ihm trotz seinem dreimaligen Flehen nicht erspart bleibt, reicht er mit eigenen Händen seiner Mutter. Wie sollten wir bei der Lektüre des Evangeliums nicht mit Staunen feststellen, daß Jesus bei jeder Begegnung mit seiner Mutter etwas in ihr zerbricht und ihr armes Zartgefühl noch schmerzlicher verwundet? Und doch war diese Zärtlichkeit, die das Herz der liebreichsten und heiligsten aller Mütter erfüllte, gewiß im höchsten Maße berechtigt. Es ist, als sei ihr dieses empfindsame Herz nur gegeben worden, damit es vom Kinde gemartert werde, für das es allein schlug. Jesus scheint sie mit einer erstaunlichen, unbegreiflichen Härte zu behandeln.

Und tatsächlich könnte niemand ohne Sünde einer solchen Mutter gegenüber natürlicherweise so hart sein, denn niemand vermöchte im gleichen Augenblick übernatürlicherweise so gütig zu sein. Sooft Jesus in ihr die heilige Zärtlichkeit der fühlbaren Mutterliebe noch mehr zerbrach, entfachte er um so mehr die heilige Flamme der göttlichen Liebe. Seine erstaunliche, unbegreifliche Härte ist stets nur das Werkzeug einer Güte, die noch erstaunlicher, noch unbegreiflicher ist. Sie ist ein Schleier, der das Geheimnis der gütigsten und stärksten Liebe verhüllt.

Das Geheimnis der überraschenden Härten, mit denen Jesus den Großmütigen begegnet, wo anders sollten wir es suchen als im Evangelium? Da liegt es offen zutage. Wiederum demütigt Jesus mit Härte, da es um eine mütterliche Liebe geht. Wie aufschlußreich ist seine Begegnung mit der Kanaanäerin! «Sie rief: Erbarme dich meiner, Herr, Sohn Davids! Meine Tochter wird von einem bösen Geiste arg geplagt.» Sie bittet nicht für sich, sie bittet für ihre Tochter. Wie könnte es anders sein, hat ihr doch Gott ein mütterliches Herz gegeben. «Aber, er würdigte sie keines Wortes.»

«Da traten seine Jünger hinzu und baten ihn: Schick sie doch weg! Sie schreit ja hinter uns her.» Sie sind gerührt, diese Männer, die sonst gefühllos sind; sie legen Fürbitte ein. «Doch Jesus antwortete ihnen: Ich bin nur zu den verirrten Schafen des Hauses Israël gesandt.» Somit zeigt sich Jesus härter als seine Jünger.

Was wird die arme Mutter tun? Wird sie den Mut verlieren? «Da trat sie herzu, fiel vor ihm nieder und bat: Herr, hilf mir! Er erwiderte darauf: Es ist nicht recht, den Kindern das Brot wegzunehmen und es den Hündlein vorzuwerfen.»

Das ist eine Beleidigung. Sie hat nur noch einen Ort zu suchen, wo sie allein sein kann, um den Tränen ihrer Verzweiflung freien Lauf zu lassen. Wird sie es tun? Nein. «Sie entgegnete: Gewiß, Herr! Doch auch die Hündlein fressen von den Brosamen, die vom Tische ihrer Herren fallen.»

Wo hat denn dieses arme, beleidigte Herz, dieser arme, verschmähte Schmerz auf der Stelle all die Liebe geschöpft, die ihr diese herrliche Erwiderung in den Mund legte? Ist es nicht Jesus, der sie innerlich eingibt, während er sich äußerlich abwendet? Ist es nicht er, der die Liebe dieser Frau, indem er sie abweist, allmählich steigert, genau wie man einen Fluß staut, um die Kraft seines Gefälles zu vermehren? Ja, Jesus ist es, der in ihr wirkt. Und daher ist der Glaube in ihr wunderbar; so wunderbar, daß der göttliche Künstler bestaunt, was er vollbracht hat, und gewissermaßen von der Schönheit seines Werkes in Bann geschlagen wird: «Da sprach Jesus zu ihr: O Weib, dein Glaube ist groß. Dir geschehe nach deinem Wunsche!» (Mt. 15,22-28).

Mit diesem Worte «Weib» wird Jesus eine andere Frau anreden, die noch heiliger ist als die Kanaanäerin und deren Glaube größer ist. Und er wird nach ihrem Willen handeln. In Kana natürlich, wo es jedermann sichtbar ist. Aber noch bei anderen Gelegenheiten, wo es unsichtbar bleibt und wo das gefühlsmäßige Be-

*gehren Mariens nicht erfüllt wurde. Denn ihr tiefster Wunsch, an dem ihr am meisten liegt, ist nicht ihr gefühlsmäßiges Begehren. Sie will vor allem ihrem Sohne gleichen. Und hat er sich getrennt für das Heil der Welt, so wünscht sie ihrerseits, wie er getrennt zu sein. Dann wird sie wahrhaft mit ihm vereinigt sein. Sie wird ihm bis in die Herzmitte seines Erlöserwerkes folgen. So wird man sie Miterlöserin nennen können.*

✳

*Zweimal im Jahr neigt sich die Kirche trauernd vor den sieben Schmerzen der allerseligsten Jungfrau: am Freitag nach dem Passionssonntag und am 15. September, dem Tag nach dem Fest der Kreuzerhöhung[1]. Im kirchlichen Stundengebet dieses letzteren Tages erinnern die Responsorien der Matutin an jeden einzelnen der sieben Schmerzen. Die drei ersten fallen zeitlich mit der Kindheit Jesu zusammen, die vier letzten mit seinem Leiden und seinem Tode[2]. In der Zwischenzeit wurde Maria durch andere Prüfungen heimgesucht. Damit soll nicht gesagt sein, «sie habe das Leiden Jesu beständig vor Augen gehabt». Theresia vom Kinde Jesu nimmt sogar das Gegenteil an[3]. Immer hat sie sogar in den glücklichen Stunden jenen Ernst bewahrt, der tiefveranlagten Seelen stets zueigen ist in der Erinnerung an große Schmerzen der Vergangenheit und in der bestimmten Erwartung noch größerer Schmerzen in der Zukunft.*

---

[1] Siehe Anhang, S. 71.
[2] Siehe Anhang, S. 69.
[3] *Novissima verba*, 23. August 1897.

# DIE DREI SCHMERZEN
## WÄHREND DER KINDHEIT JESU

Weil die menschliche Liebe in der Welt entweiht und besudelt wird, muß dafür die reinste, zarteste und heiligste Liebe zum Ausgleich geopfert werden. Die jungfräuliche Mutter wird sich von ihrem Kinde trennen müssen. Den bittersten Schmerz wird ihr die Einsicht verursachen, daß es sich selbst ihrer mütterlichen Liebe entzieht.

## 1. Die Prophezeiung des Simeon

*Erster Schmerz.* — Maria weiß durch den Engel, daß der Heilige Geist über sie kommen wird, daß die Kraft des Allerhöchsten sie überschatten wird, daß das Kind, welches sie gebären wird, heilig sein und Sohn Gottes heißen wird (vgl. Lk. 1, 35). Später hört sie die Stimme Elisabeths, die sie als Hochgebenedeite unter allen Frauen preist und sie als Mutter ihres Herrn begrüßt (vgl. Lk. 1, 43). Sie stimmt selber einen Lobgesang an auf die Großtaten, die Gott in ihr gewirkt hat (vgl. Lk. 1, 49). Es folgen sodann die über alle Worte erhabene Geburt des Kindes in Bethlehem und die Botschaft, welche die Hirten in der Nacht vernommen haben: «Heute ist euch in der Stadt Davids der Heiland geboren; es ist Christus der Herr» (Lk. 2, 11). Maria hütet sorgsam diese Erinnerungen. Sie erwägt sie in ihrem Herzen (vgl. Lk. 2, 19). Jede erhellt auf ihre Weise das Geheimnis, das Gott soeben in ihr vollzogen hat. Maria weiß somit alles.

Sobald die Zeit ihrer Reinigung abgelaufen ist, begeben sich Maria und Joseph mit dem Kinde auf den Weg zum Tempel. Hier treffen sie Simeon. Er war ein Gerechter, der auf Israëls Trost wartete und die Zusicherung bekommen hatte, er werde nicht sterben, ohne den Gesalbten des Herrn gesehen zu haben. Er nahm das Kind in seine Arme und dankte Gott mit den Worten: «. . . Meine Augen haben dein Heil gesehen, das du bereitet hast vor allen Völkern: Ein Licht zur Erleuchtung der Heiden, der Ruhm deines Volkes Israël» (Lk. 2, 30-32)! Der Evangelist fügt hinzu: «Sein Vater und seine Mutter staunten über das, was von ihm gesagt wurde» (Lk. 2, 33). Das Staunen ist hier kein Schmerz. Es ist vielmehr Bewunderung und höchstes Entzücken. Sie allein wußten, wer dieses Kind war. Und siehe da, plötzlich offenbart der prophezeiende Simeon ihr Geheimnis und verkündet das Heil nicht nur für Israël, sondern auch für die Heidenvölker. Die Stunde des Schmerzes naht jedoch für Maria.

«Und Simeon segnete sie und sagte zu Maria, seiner Mutter: Siehe, dieser ist bestimmt zum Falle und zur Auferstehung vieler in Israël und zum Zeichen, dem man widersprechen wird. Und auch deine Seele wird ein Schwert durchbohren . . .» (Luk. 2, 34-35). Das ist der erste der sieben Schmerzen. Er ist trächtig vom Gewicht aller anderen, die er dunkel ankündigt, und erfüllt das Herz Mariens mit unsäglichem Leid. Soeben hat sie hören müssen, ihr Sohn werde «ein Zeichen des Widerspruches sein . . ., damit die Gedanken vieler Herzen offenkundig werden» (Lk. 2, 35). Er wird auf Feindschaft stoßen. Er will die Seinen retten,

14

aber die Seinen werden sein Verderben betreiben. In den Worten Simeons entdeckt Maria abgründige Tiefen, von denen der heilige Greis nichts ahnt. Diese Prophezeiung erschüttert sie, ja noch mehr: sie überschüttet sie mit bitterem Leid. Sie ist an Leib und Seele gebrochen. Ihre ganze Schönheit ist in Trauer eingetaucht. Sie klagt insgeheim in ihrem Herzen: «Nennt mich nicht die Schöne, sondern die Schmerzensreiche, denn mit Bitterkeit hat mich gar sehr erfüllt der Allmächtige.»[4]

Sie ist jedoch keineswegs niedergeschlagen. Gerade aus der Tiefe ihres bitteren Leides wächst in ihr das Licht eines ungewöhnlich schönen Morgenrotes. Sie hat fortan die Gewißheit, durch Gottes Willen ihrem Sohn auf seinem Schmerzenspfade beigesellt zu sein. Sie hat die Gewißheit, daß das grausame Leiden des Kindes durch das zartfühlende Mitleid der Mutter gelindert werden soll. Gestützt durch diese erhebende Hoffnung, erwartet sie das tiefbohrende Schwert, das zugleich mit dem Herzen ihres Kindes auch ihr Mutterherz öffnen wird. Schon das Wort Simeons ist gewaltsam in sie eingedrungen wie ein Schwert. Die sieben Schmerzen haben begonnen. Diese sieben Schmerzen, die wie *sieben* Dolchstiche sein werden, haben die alten flämischen Künstler, die sich mehr durch fromme

---

[4] Röm. Brevier, 15. Sept., Responsorium zur ersten Lesung der Matutin: R Simeon, ein gerechter und gottesfürchtiger Mann, sagte zu Maria: * Deine Seele wird ein Schwert durchbohren. V Nennt mich nicht die Schöne, sondern die Schmerzensreiche, denn mit Bitterkeit hat mich gar sehr erfüllt der Allmächtige. Deine Seele . . .
«Ne vocetis me pulchram, sed amaram, quia amaritudine valde replevit me Omnipotens.»

Rührseligkeit als durch bildnerischen Geschmack leiten ließen, durch *sieben* Schwerter veranschaulicht, die in der Brust der Schmerzensmutter stecken.

## 2. Die Flucht nach Ägypten

*Zweiter Schmerz.* — Die Prophezeiung ist das erste Schwert. Ihre Erfüllung beginnt sogleich. «Siehe, da erschien dem Joseph im Traum ein Engel des Herrn und sprach: Steh' auf, nimm das Kind und seine Mutter und fliehe nach Ägypten! Bleibe dort, bis ich dir Weisung gebe. Denn Herodes wird nach dem Kinde fahnden, um es zu töten. — Er stand auf, nahm das Kind und seine Mutter noch in der Nacht und zog nach Ägypten» (Mt. 2, 13-14).

Das ist der zweite Schmerz[5]. Maria, die aus der Prophezeiung alles nur undeutlich weiß, lernt allmählich aus eigener Erfahrung alles kennen. Sie hat gehört, daß ihr Sohn auf Widerspruch stoßen wird, aber sie erfährt, was die Flucht bedeutet, eine überstürzte Flucht mitten in der Nacht, weit fort in ein Land der Verbannung, dessen Bräuche und Sprache, ja sogar dessen Lage ihr unbekannt sind. In der heiligen Nacht hatte sie zwar in der Herberge keinen Platz gefunden, aber das Kind, das verborgen unter ihrem Herzen lag, hatte wenigstens nicht körperlich gelitten. Es blieb vor allen äußeren Unbequemlichkeiten verschont. Jetzt aber, wie es

---

[5] Vgl. Röm. Brevier, 15. Sept., Responsorium nach der zweiten Lesung der Matutin: R Steh auf, nimm das Kind und seine Mutter und fliehe nach Ägypten. * Bleibe dort, bis ich es dir sage. V Ich habe meinen Sohn aus Ägypten berufen, damit für Israël das Heil komme. Bleibe dort . . .

beschützen vor den Erschütterungen des Reiseweges, vor den Unbilden der Witterung, vor Hunger, Durst und Ermüdung? Und erst die drohende Todesgefahr, die ihnen dauernd im Rücken lauert, da ja Herodes nach dem Kinde fahndet, um es zu töten! Ach, welche Verlassenheit in diesen Tagen und in diesen Nächten auf den einsamen Wüstenpfaden! Wird denn Gott für dieses Kind, das Ihm gehört, nicht das geringste Wunder wirken? Ist es auch wirklich sein Kind, dieses kleine, zarte Wesen, das leidet und kein Wort sagt? Aber, warum hat es dann den Anschein, als kümmere Er sich kaum darum? Warum es inmitten von Feinden der unzulänglichen und allzu hilflosen Fürsorge zweier armer Menschen ausliefern?

Nicht nur ihr Herz, auch ihr Glaube wird geprüft durch dieses große Geheimnis. Aber er wankt nicht. Er läutert sich in der Nacht. Den Weg, welchen Gott einst mit überaus denkwürdigen Wundertaten besät hatte, gehen sie nun in Not und Entbehrung. Aus Ägypten hatte Gott einst seinen vielgeliebten Sohn, das Volk Israël, zurückberufen (vgl. Osee 11, 1); dorthin kehren sie zurück mit einem kleinen Kinde, das für sich allein schon viel kostbarer ist als alle Adoptivsöhne, ist es doch der eingeborene Sohn des himmlischen Vaters, das menschgewordene Wort Gottes. Eines Tages wird aber der Ausspruch des Propheten Osee einen neuen Sinn bekommen: «Aus Ägypten habe ich meinen Sohn berufen» (Mt. 2, 15). Die Armut wird fortdauern, aber die Verbannung wird ein Ende nehmen. Joseph wird mit dem Kind und seiner Mutter ins Land Israël zurückkehren können.

Auf diesen langen Reisen zwischen Exil und Heimat blieb der heiligen Jungfrau wenigstens ein süßer Trost.

Sie hat ihr Kind bei sich gehabt. Sie hat es weiterhin in Windeln gewickelt wie im Stall zu Bethlehem. Sie hat es alle Tage wachsam umsorgt. Sie hat es nie verloren!

## 3. Das Verschwinden Jesu

*Dritter Schmerz.* — Wieviel Leid bereitet es, ein Kind zu verlieren! Wird je eine Mutter, selbst eine ganz gewöhnliche, ihr Kind verlieren? Nein, so etwas kommt nicht vor. Wie hätte denn diese Mutter dieses Kind verlieren können, wenn es nicht sein eigener Wille gewesen wäre? Es hat selber die Wachsamkeit seiner Eltern irregeführt. Es hat ihnen zur Stunde der Abreise die Augen verschleiert. «Während sie sich auf den Heimweg begaben, blieb der Knabe Jesus in Jerusalem zurück. Und seine Eltern merkten es nicht. Sie glaubten, er sei bei der Karawane, und gingen eine Tagereise weit» (Lk. 2, 43-44). Der Schleier fiel erst am Abend. «Da suchten sie ihn bei Verwandten und Bekannten. Als sie ihn nicht fanden, kehrten sie nach Jerusalem zurück und suchten ihn» (Lk. 2, 44-45). Welche Demütigung, ja welch beklemmende Angst![6] Sie wissen doch, daß es nicht ihre Schuld ist, daß es nicht an ihrer Liebe gefehlt hat. Warum sie dann so behandeln? War-

---

[6] Bevor Sr. Marie de l'Incarnation bei den Ursulinerinnen eintrat, vermißte sie einmal ihr Kind, das noch kaum zwölfjährig war und ihr erst nach drei Tagen zurückgebracht wurde: «O Gott! Nie hätte ich geglaubt, daß der Verlust eines Kindes dem Mutterherzen so viel Schmerz bereiten könne. Ich hatte es todkrank gesehen, und ich war gerne bereit, es dem Herrgott zu schenken. Aber es auf diese Weise verlieren, das konnte ich einfach nicht begreifen. Wenn mir auch der Seelenfriede mit

um ihnen dieses Leid antun? So lautet der Vorwurf Mariens, die aus rührendem, liebevollem Zartgefühl eins sein will mit jenem, den sie an ihrer Seite stillschweigend leiden sieht: «Kind, warum hast du uns das angetan? Siehe, dein Vater und ich haben dich mit Schmerzen gesucht» (Lk. 2, 48).

Die Antwort wird hart klingen, so hart, daß sie nicht auf der Stelle das Licht ausstrahlt, das sie enthält: «Er erwiderte ihnen: Warum habt ihr mich gesucht? Wußtet ihr nicht, daß ich bei[7] meinem Vater sein muß? Doch sie verstanden nicht, was er mit diesem Worte sagen wollte» (Luk. 2, 49-50). Das war der Anfang des dritten Schmerzes[8].

«Sie verstanden nicht, was er mit diesen Worten sagen wollte.» Und doch wußte sie ja, daß er bei seinem Vater sein mußte, in dem, was seines Vaters ist! Der Engel hatte ihr verkündigt, daß er Jesus heißen werde, d. h. der Erlöser (vgl. Lk. 1, 31), daß er herrschen werde über das Haus Jakob in Ewigkeit (vgl. Lk. 1, 33). Simeon hatte beigefügt, daß er trotz dem Widerspruch, dem er begegnen werde, der Ruhm des

Gott erhalten blieb, so vermochte mich das doch nicht hinwegzutrösten über diesen kummervollen Verlust.» *(Le témoignage de Marie de l'Incarnation.* Herausgegeben von Dom Jamet, Paris 1932, S. 126.)

[7] Wörtlich: «in dem, was meines Vaters ist», aber das bedeutet ohne Zweifel: «in der Nähe meines Vaters», «bei meinem Vater».

[8] Vgl. Röm. Brevier, 15. Sept., Responsorium nach der dritten Lesung der Matutin: R Kind, warum hast du uns das angetan? * Dein Vater und ich, * wir haben dich mit Schmerzen gesucht. V Warum habt ihr mich gesucht? Ich muß in dem sein, was meines Vaters ist. Dein Vater und ich . . . Ehre sei . . . Wir haben dich . . .

Gottesvolkes Israël sein werde und zudem ein Licht zur Erleuchtung der Heidenvölker (vgl. Lk. 2, 32). Sie hatte diese Worte nicht vergessen. Sie kannte also die außerordentliche Sendung ihres Kindes. Sie wußte ferner, daß er weit mehr der Sohn Gottes als ihr eigener Sohn war, daß er weit mehr seinem himmlischen Vater angehörte als ihr.

Aber damals hatte sie nur eine dunkle Vorahnung von den geheimnisvollen Anforderungen der Gnade, die sie zur Mutter des göttlichen Erlösers machte. Warum sich so von ihr loslösen, um beim Vater zu sein? Warum sich ohne sie diesen Dingen hingeben, die auch ihr teurer sind als das Leben? Hat er denn an ihr gezweifelt, an ihrer Liebe, an ihrer Treue? Oder auch nur an ihrer Entschlossenheit? Sie wäre ihm doch überallhin gefolgt!

Maria hat nun eine geheimnisvolle Prüfung zu bestehen[9]. Bittere Finsternis dringt in ihr Herz ein. Obwohl kein Sündenmakel sie überschattet, fühlt sie sich ihrer Aufgabe unwürdig, von ihrem Kinde verstoßen. Dieses Gefühl wirft sie in eine schreckhafte Todesangst. Sie durchkostet jetzt schon eine ähnliche Trostlosigkeit, wie sie ihrem Kinde später in seinem Leiden zum Tranke gereicht wird. Die Klage ihres Herzens, könnte man sie hören, klänge wie die frühe Ankündigung einer Klage, die noch herzzerreißender ist: «Mein Sohn, mein Sohn, warum hast du mich verlassen?»

---

[9] «Wenn Jesus am Kreuze es erdulden mußte, von seinem Vater verlassen zu sein, warum hätte die Seele Mariens nicht Prüfungen bestehen sollen, die sie in eine gewisse Dunkelheit tauchten?» (M.-J. LAGRANGE, O. P., *Evangile selon saint Luc.* Paris 1928, S. 97.)

Diese Nacht der Todesangst wird ob der Freude des Wiederfindens für einen Augenblick hinter einem Vorhang versinken. Denn Jesus kehrt mit Maria und Joseph nach Nazareth zurück. «Und er war ihnen untertan.»[10] Aber die Nacht wird sich später von neuem auftun, wenn Jesus fortgeht in die Wüste. Für Maria wird daraus ein großes Licht aufsteigen. Sie wird verstehen, daß sie einen einzigartigen Weg zu gehen hat. Nicht etwa, daß ihr Sohn an ihr zweifelt. Im Gegenteil, er überantwortet sie dem Gefühl der Verlassenheit, nur um sie teilnehmen zu lassen an jener Trostlosigkeit, an jener Todesangst, in denen sich die Erlösung vollziehen muß. Die drei Lieblingsjünger werden nur einen Steinwurf weit von ihm entfernt sein (vgl. Lk. 22, 41). Aber die Augen werden ihnen zufallen. Sie, die hätte zu wachen vermocht, darf nicht anwesend sein, noch irgendein sichtbares Wesen. Einzig während eines Augenblickes wird beim Blutschwitzen ein Engel des Himmels sich nahen (vgl. Lk. 22, 43). Maria ahnt diese Abgründe. Sie entdeckt die Notwendigkeit der Verlassenheit für die Erlösung. Davor verblassen alle Gründe zu Klagen. Indem ihr Sohn sie zum voraus von seinem Kelche trinken läßt, liebt er sie wenn möglich noch mehr, als sie es zu hoffen wagte.

Der dritte Schmerz, auf den die zwei ersten vorbereiteten, ist der Schmerz, fühlen zu müssen, wie sich

---

[10] Lk. 2, 51. — «Er gehörte ihnen noch mehrere Jahre an und erfüllte an ihnen die wonnevollste und erhabenste Aufgabe seines Werkes, Mariens und Josephs Heiligung. Doch hat auch er viel von ihnen empfangen: ein Geheimnis, das zu ergründen wir unfähig sind.» (M.-J. LAGRANGE, O. P., *L'Evangile de Jésus-Christ.* Paris 1928, S. 49.)

die überaus reinen Bande der sichtbaren Gegenwart, die sie unaussprechlich innig an ihr Kind fesselten, allmählich lösen. Sie sieht es und sie will es — mit einem gepeinigten Willen, jenem gleich, mit dem Jesus sich später in den Willen des Vaters ergibt (vgl. Lk. 26, 39: «. . . doch nicht, wie ich will, sondern wie du willst.»): dieser Schmerz wird jener sein, der sich täglich tiefer in ihr Herz einkerben wird, der zum Tode führende Schmerz.

Sie wird also dieses Leid tragen, stillschweigend und stark dank ihrer Liebe. O mein teures Leid, ich drücke dich an mein Herz!

Eine heilige Klarheit wird fortan ihren Weg erhellen. Aber etwas anderes ist es, den Weg zu sehen, und wieder etwas anderes, ihn zu gehen[11]. Wenn ihr Kind, das doch der Sohn Gottes ist, am Kreuze lernen muß, was gehorchen heißt (vgl. Hebr. 5, 8), wie sollte sie nicht Tag für Tag aus eigener Erfahrung lernen müssen, was der Schmerz der Trennung ist? Am Ende ihres Lebens, wenn sie den ersten Christen die Erinnerungen mitteilen wird, die sie in ihrem Herzen bewahrt hatte und die der heilige Lukas im Kindheitsevangelium aufgezeichnet hat, dann wird sie göttliche Erfahrung im Schmerz gewonnen haben, und sie wird fürwahr sagen können, «sie habe in jenen frühen und glücklichen Zeiten nicht alles begriffen, was Wesen

[11] «Als ich mir sodann alle Leiden, die ich zeit meines Lebens zu erdulden hatte, vor Augen hielt, fuhr ein Schauer durch meinen ganzen Körper, obwohl ich es damals angesichts dieser bildhaften Vorstellung nicht so verstand, wie ich es seither vermochte dank den Wirkungen, die sich daraus ergaben.» (*Vie de sainte Marguerite-Marie par elle-même.* Paray-le-Monial 1924, S. 97.)

und Sendung ihres Sohnes mit sich bringen würden»[12], noch auch ihre erhabene Sendung als jungfräuliche Miterlöserin.

Das zeitweilige Verschwinden Jesu und insbesondere die Worte, die es rechtfertigten, hatten den Wert einer zweiten schmerzreichen Prophezeiung, die jene Simeons ergänzen und nur Tag um Tag deren volle Bedeutung offenbaren sollte.

## II

## ZUNAHME
## DES TRENNUNGSSCHMERZES

Wenn der Tod eine Mutter für immer ihres Kindes beraubt, bricht ihr Herz vor Leid. Wenn es ihr jedoch vergönnt ist, stolz zu sein auf ihren Sohn, wenn man ihr sagt, er sei bei einem gefährlichen Sturmangriff gefallen oder im Dienst einer edlen Sache gestorben, so werden Lob und Anerkennung, die man seinem teuren Andenken zollt, ihren Gram ein wenig lindern. Ihr Schmerz wird nicht der bloße Schmerz sein.

Muß sie aber mit eigenen Augen ansehen, wie ihr Kind verspottet, geschmäht, verleumdet und bedroht wird, wo kann sie dann Linderung finden in ihrem Leid? Nach einer einzigen Gunst wird sie sich noch sehnen: an der Seite ihres Kindes zu sein, um es mit ihrer mütterlichen Liebe zu beschützen.

Diese Gunst wurde Maria nicht zuteil. Ihr Sohn hat sie ihr verweigert.

[12] M.-J. LAGRANGE, O.P., *Evangile selon saint Luc*, S. 98.

Jesus hatte seine Apostel berufen. Er hatte böse Geister ausgetrieben und schon angefangen, das Reich Gottes zu verkünden. Die Scharen umdrängten ihn. Er zog sich in ein Haus zurück. Da sammelte sich die Menge von neuem an, so daß er nicht einmal mehr essen konnte. Als die Seinen davon hörten, kamen sie, um ihn mit Gewalt zu holen. Denn man sagte[13]: «Er ist von Sinnen.» — Und auch die Schriftgelehrten, die von Jerusalem her gekommen waren, sagten: «In ihm steckt Beelzebub, und durch den Anführer der bösen Geister treibt er die bösen Geister aus» (Mk. 3, 21-22). Somit hielten die Schriftgelehrten Jesus für einen Besessenen; viele aber sahen in ihm nur einen Wahnsinnigen. «Sie sagten (oder: man sagte): Er ist von Sinnen.» Wer redete denn so? Ohne Zweifel waren es nicht seine Eltern, jedenfalls nicht seine Mutter. Aber seine Eltern, besonders seine Mutter, sind besorgt. Sie wissen, daß er allein ist, daß er der niederträchtigen Gesinnung des Volkes und dem Haß der Schriftgelehrten ausgesetzt ist. Deshalb sind sie gekommen.

Arme Mutter! Abermals hat sie bittere Stunden beklemmender Angst auszustehen. Bisher wußte sie nicht, daß es zum Heil der Welt notwendig war, daß ihr Sohn, die menschgewordene Weisheit selbst, als Wahnsinniger hingestellt werden sollte, und daß er, dessen menschliche Natur in unsagbar erhabener Weise

---

[13] Zum griechischen Wort «élegon» bemerkt P. LAGRANGE: «Ich hatte zuerst übersetzt: sie sagten. Aber die Ausführungen M. TURNERS, in: *The Journal of theological studies*, XXV, S. 383, scheinen mir überzeugend zu sein.» (*L'Evangile de Jésus-Christ*, S. 163.)

von der zweiten Person Gottes in Besitz genommen war, als ein von Beelzebub Besessener verhöhnt werden sollte! Diese Schmähungen, diese Gotteslästerungen brechen ihr von neuem das Herz. Sie weiß, daß sie auch ihrem Sohn weh tun und daß auch sein Herz zu bluten beginnt. Denn sie vernimmt, daß er im Hause, wo die Schriftgelehrten eingedrungen sind, sich vor ihnen zu rechtfertigen versucht: «Wie kann denn Satan den Satan austreiben? Wenn ein Reich in sich uneins ist, so kann dieses Reich keinen Bestand haben . . .» (Mk. 3, 23-24). Er steht allein gegen sie alle.

Sie will ins Haus hineingehen, ihn mit sich fortführen, ihn wenigstens ihre treue Liebe fühlen lassen und ihn, falls er es gestattet, in ihre Arme schließen. «Da kamen seine Mutter und seine Brüder[14]. Sie blieben draußen stehen und ließen ihn rufen. Eine große Menge saß um ihn herum. Da meldete man ihm: Siehe, deine Mutter und deine Brüder sind draußen und suchen dich» (Mk. 3, 31-32). Wahrlich, ein rührendes Unterfangen!

Und doch läßt sich Jesus keineswegs erweichen. Soeben ist er von seinen Feinden mit harten Worten angegriffen worden, und sobald ihm ein wenig Herzlichkeit erwiesen wird, sobald er für seine Mutter zum Gegenstand des Mitleids wird, scheint er sich plötzlich in Härte zu hüllen. Dieses Angebot der bekümmerten Mutterliebe, diese ohnmächtige, aber doch überaus rührende Hilfsbereitschaft, er scheint sie überhaupt

---

[14] Es erübrigt sich, an dieser Stelle den Sinn des Wortes «Brüder» zu erklären. Diese Arbeit ist schon oft und sehr gut getan worden. Wir weisen lediglich darauf hin, dass es die gleiche Bedeutung hat wie im Vers 21 die Worte «die Seinen» oder «seine Verwandten».

nicht zu beachten! «Er erwiderte ihnen: Wer ist meine Mutter, wer sind meine Brüder?» (Mk. 3,33). Wie hart, ja wie grausam klingen doch diese Worte gerade hier! Welch dunkles Geheimnis liegt darin verborgen?

Sie bergen tatsächlich ein Geheimnis, und ihr Sinn wird sich alsbald enthüllen: «Dann blickte er alle an, die im Kreise um ihn herum saßen, und sagte: Seht da meine Mutter und meine Brüder! Denn wer den Willen Gottes tut, der ist mir Bruder, Schwester und Mutter» (Mk. 3, 34-35). Jenseits der natürlichen Verwandtschaftsbande erscheinen die Bande einer neuen Verwandtschaft, deren Wesen übernatürlicher Art ist; in ihrem Glanz verblassen jene wie das Kerzenlicht in der Sonne. Die natürliche Verwandtschaft soll nicht etwa verleugnet werden. Die Bande zwischen Gatte und Gattin, zwischen Eltern und Kindern, zwischen Herren und Dienern werden fortbestehen. Sie sollen sogar in erstaunlicher Weise geadelt werden (vgl. Eph. 5, 21-6, 9). Über sie hinweg jedoch werden sich auf geheimnisvolle Weise die Bande knüpfen, welche die Kinder des Gottesreiches untereinander vereinigen. Bande, die kostbarer, inniger, göttlicher und ewiger sind, so daß jene der natürlichen Verwandtschaft jeden rechtmäßigen Anspruch verlieren und zurückgesetzt werden müssen, sobald sie in eine andere Richtung zerren als die Bande der übernatürlichen Verwandtschaft: «Wenn jemand zu mir kommt, aber Vater und Mutter, Frau und Kinder, Brüder und Schwestern, ja auch sich selbst nicht hintansetzt, so kann er nicht mein Jünger sein» (Lk. 14, 26). Die Heiligen werden diese Lehren befolgen[15].

[15] Siehe Anhang, S. 76.

Wären etwa die Verwandten Jesu nach Kapharnaum gekommen, um ihm vom Predigen abzuraten? Hatten sie sich etwa durch eine allzu menschliche Zuneigung zum Vorhaben verleiten lassen, ihn abzuhalten von der Sendung, das Reich Gottes zu gründen, die ihm der himmlische Vater übertragen hatte? Falls ein solcher Mißgriff seitens seiner Angehörigen vielleicht möglich war, so ist er seitens seiner Mutter undenkbar. Sie weiß zu gut, daß ein solcher Sohn den Dingen seines Vaters hingegeben sein muß. Sie ist einzig und allein gekommen, um die Bitternis des Hohnes und der Gotteslästerung mit ihm zu teilen und um ihm auf sichtbare Weise beizustehen, da er nun den ersten sichtbaren Angriffen ausgesetzt ist. Aber, warum dann diese harten Worte? Warum lehnt er das Angebot ihrer Liebe ab?

Es muß wohl so sein, daß äußerlich etwas zerschlagen wird, was recht und billig ist, etwas unvergleichlich Reines, Heiliges und Zartes. Das Opfer Mariens wird nie im Verzicht auf die Sünde bestehen, sondern immer im Verzicht auf heilige Dinge zugunsten von anderen Dingen, die noch heiliger sind. Hier muß also eine Herzensneigung gekränkt werden, die heilig ist, damit die Menschen wissen, was sie zu tun haben mit Herzensneigungen, die nicht heilig sind. Es muß in der makellosen Jungfrau das zermalmt werden, was ohne Sünde ist, und in ihrem Herzen der berechtigte Wunsch zerschlagen werden, ihrem Sohn fühlbaren Trost zu bringen, damit sie diesem Sohn vollkommen gleichen und selber nach dem Vorbild dessen leiden könne, der ohne jeden Trost wird leiden und sterben müssen. Dann wird sie, so wie ihr Sohn, aber besser als je ein Mensch nach ihr «den Willen Gottes tun»; besser als je ein Mensch nach ihr wird sie für ihren Sohn «Bruder, Schwester und Mutter» sein, besser als je ein Mensch nach ihr wird sie ins Reich Gottes eingehen, ins Reich der Gnadenverwandtschaft. Sie wird dessen unvergleichliche Königin sein. Der Ausspruch Jesu, der von ihr den Verzicht auf die spontane Kundgabe ihrer Mutterliebe verlangte, war nur äußerlich hart. Noch besser als die gar so harten Worte, die er später zur Kanaanäerin sprach, förderte er innerlich, in der Seele Mariens, das wunderbare Wachstum der göttlichen Liebe, wodurch sie zu immer hochgemuteren Verzichten befähigt wurde.

Von nun an wird sich Maria ihrem schimpflich mißhandelten und gemarterten Sohn nicht mehr nähern. Sie bleibt ihm fern. Sie überläßt ihn seiner Einsamkeit. Sie weiß von der Notwendigkeit einer solchen Einsamkeit für die Erlösung der Welt und wird sie nicht stören. Später, wenn er dann den Juden sagt, er sei der Sohn Gottes, werden sie ihren Sohn abermals wie einen Gotteslästerer mißhandeln und ihn zum Tode verurteilen (vgl. Mk. 15, 61 und 64). Ihrerseits werden die Soldaten des Statthalters ihn als wahnsinnig betrachten; sie werden ihm die Kleider vom Leibe reißen, ihm einen scharlachroten Soldatenmantel umlegen, ihm eine Dornenkrone aufs Haupt drücken und ein Schilfrohr in die rechte Hand geben, vor ihm das Knie beugen und ihn als König der Juden begrüßen (vgl. Mt. 27, 28-29). Aber die Mutter Jesu wird nicht mehr versuchen, dazwischenzutreten. Sie hat begriffen, welch einschneidende Schärfe der Trennungsschmerz annehmen muß.

Das Lukasevangelium enthält in der Parallelstelle dieselbe Lehre (vgl. Lk. 11, 17-28). Der heilige Lukas überliefert ebenfalls die Antwort Jesu auf die Anschuldigung, er treibe die bösen Geister durch Beelzebub aus: «Ist nun Satan uneins mit sich selbst, wie sollte da sein Reich Bestand haben?» Ferner überliefert er das Gleichnis vom unreinen Geiste. Sobald dieser aus dem Menschen ausgetrieben ist, sucht er Ruhe in öden Gegenden, und findet er sie nicht, dann bringt er noch sieben andere Geister mit, die noch bösartiger sind als er, und bemächtigt sich seiner ehemaligen Wohnstätte, so daß der letzte Zustand dieses Menschen schlimmer ist als der erste. Mit dem unreinen Geiste ist Satan gemeint, der einst aus dem Hause Israël vertrieben wurde; und da er es von Christus besetzt findet, versucht er nun, dahin zurückzukehren, um die Juden in einen Zustand zu stürzen, der schlimmer ist als jener der Heiden. Die Juden verstehen das Gleichnis. Ihr Haß wird nur um so größer und immer bedrohlicher.

Da erhebt eine Frau ihre Stimme zugunsten Jesu. Man hat darauf hingewiesen, daß «die Frauen entschlossener für jene eintreten, die mit Schimpf und Schande mißhandelt werden; ihr Herz drängt sie dazu und sie machen kein Hehl aus ihrer Meinung»[16]. Dafür liefert das Leben des heiligen Benedikt-Joseph Lambre ein ergreifendes Beispiel. Eines Tages wurde er auf dem Trajansplatz in Rom von acht oder zehn Rohlingen überfallen, die ihn mit Füßen und Fäusten schlugen, ihn zu Boden warfen und ihm ins Gesicht

---

[16] M.-J. LAGRANGE, *L'Evangile de Jésus-Christ*, S. 330.

spien. Eine Frau, die des Weges kam, nahm ihn plötzlich mit außerordentlich gebieterischem Ton allein gegen alle in Schutz. Und als sich die Angreifer unter dem Vorwand zu rechtfertigen suchten, er sei ein Narr, mit dem man sein Spiel treiben dürfe, gab sie ihnen zurück: «Ihr seid die Narren, und er ist ein Heiliger.»[17] Die Stimme dieser Frau, die sich für den armen Heiligen einsetzte, tönte über die Zeiten hinweg wie das spontane Echo einer anderen Stimme, die siebzehn Jahrhunderte früher in Galiläa laut geworden war, um den König der Armen gegen seine Feinde zu verteidigen. Während er so redete, berichtet das Evangelium, «erhob eine Frau aus dem Volke ihre Stimme und rief ihm zu: Selig der Leib, der dich getragen, und die Brust, die dich genährt hat!» (Lk. 11, 27). Das Los dieser Frau ist wahrlich beneidenswert, war es ihr doch vergönnt, Jesus zu verteidigen! Ohne Zweifel wird er sie seinerseits seligpreisen ...

Hier stehen wir abermals vor dem Geheimnis. Wenn sich diese Frau damit begnügt hätte, Jesus zu verteidigen, so hätte er ihr vielleicht öffentlich Lob und Anerkennung gezollt. Aber sie hat von der Mutter Jesu gesprochen. Sie hat jene beneidet, die ihn wiegen und herzen durfte mit jener zärtlichen Liebe, die den Müttern eignet. Nun aber läßt Jesus nicht zu, daß man sich diesbezüglich einer Täuschung hingebe. Wer sich seiner Mutter zur Seite stellt, muß sich darauf gefaßt machen, von ihm einigermaßen so geheimnisvoll behandelt zu werden, wie er seine Mutter behandelte. Solche Menschen sind würdig, zu verstehen, daß sogar

[17] F.-M.-J. DESNOYERS, *Le Bienheureux Benoît-Joseph Labre.* Lille 1862, Bd. I, S. 264.

das Opfer der allerreinsten mütterlichen Liebesbezeugungen gefordert und gebracht wurde, damit das Reich der Gnadenverwandtschaft gegründet werden konnte. Sie sind würdig, an diesen geheimnisvollen Verzichten einen gewissen Anteil zu haben.

Solcher Art ist die Ehre, welche dieser hochherzigen Frau zufällt, deren Name unbekannt und deren Andenken unsterblich ist. Bald soll ihr Klarheit zuteil werden. Sie hat Maria rühmend gepriesen. Was aber Maria ist, weiß sie es wirklich? Weiß sie wirklich, daß Mariens wahre Größe nicht so sehr darin bestand, Mutter Jesu zu sein, sondern die *würdige* Mutter Jesu zu sein? Weiß sie, daß die leibliche Mutterschaft für Maria das wirksame Zeichen einer unsagbar erhabenen Gnade war, die sie auf unerreichte Weise teilnehmen ließ an der mitteilbaren Heiligkeit des Erlösers, auf welche das Reich der übernatürlichen Verwandtschaften gegründet ist? Weiß sie, daß der stets wachsende Schmerz der gefühlsmäßigen Trennung von ihrem Sohn ihr auferlegt wurde, damit sie in der neuen Gnadenfamilie die erste sein könne und somit die Gnadenmutter aller Menschen? Wie sollte sie es klar wissen?

Jesus wird also ihr Herz erleuchten und ihr die verborgenen Ehrentitel Mariens enthüllen. Er berichtigt ihren Glauben, indem er sie auf das große Reich hinweist, das aus jenen besteht, die das Wort Gottes «hören» und «bewahren», und wo Maria Königin ist, weil sie es vom ersten Tage an verstanden hat, das Wort der Engel an die Hirten (vgl. Lk. 2, 19) oder jenes des Kindes selber in Jerusalem (vgl. Lk. 2, 51) «zu bewahren und in ihrem Herzen zu überlegen». «Selig vielmehr — erwiderte er — jene, die das Wort Gottes hören und es befolgen» (Lk. 11, 28). «Selig

Seite 33:
Die Prophezeiung des greisen Simeon von Fra Angelico
(1387—1455), Markus-Museum, Florenz.
Man beachte links im Bild die Hände der Mutter Jesu in
besorgter Geste.
Photo Rast, Freiburg/Schweiz

Seite 34:
Die Weissagung des greisen Simeon und der Prophetin Anna
von Rembrandt. In kniender Haltung, mit gefalteten Händen,
hört Maria die Voraussage des Simeon, links neben ihr der
hl. Josef, der Nährvater Jesu. In stehender Haltung die
Prophetin Anna, von der es bei Lukas 2, 36 heißt: «Es war
auch eine Prophetin, Anna, eine Tochter Pahnuels, aus dem
Stamme Aser. Diese stand in hohen Jahren ... Sie wich nicht
vom Tempel und diente Gott mit Fasten und Beten Tag
und Nacht. Sie kam gerade in jener Stunde hinzu, pries Gott
und redete über ihn zu allen, die auf die Erlösung Jerusalems
warteten.» Photo Rast.

Seite 35:
Mutter-Gottes-Statue vor der Kirche in Altdorf,
Hauptort des Kantons Uri/Schweiz.

Seite 36:
Josefs Traum von Rembrandt (1606—1696).
Wallraff-Richartz-Museum Köln. Photo Rast.

Seite 37:
Die Flucht nach Ägypten von Michael Pacher (1435—1498).
Teil des Hochaltars von St. Wolfgang.

Seite 38:
Der zwölfjährige Jesus im Tempel, Meister vom Mondsee.
Ende 15. Jahrhundert. Liechtenstein-Sammlung. Photo Rast.

Seite 39:
Der zwölfjährige Jesus im Tempel von Duccio di Buoninsegna
(† 1319). Museo Opera del Duomo, Siena.

Seite 40:
Die Kreuztragung: Jesus begegnet seiner Mutter von Albrecht
Dürer. Staatliche Kunstsammlungen Dresden.

vielmehr . . .»[18] Jesus scheint zu überhören, was diese Frau zur Ehre Mariens gesagt hat. Zwar widerspricht er ihr keineswegs[19]. Aber er duldet nicht, daß sie dabei stehen bleibt. Er richtet ihren keimenden Glauben auf, er lenkt ihn mit Entschiedenheit auf geistige Bereiche hin, die sie nur dunkel ahnte und wofür die äußeren Vorrechte Mariens nur sinnenfällige Zeichen waren.

Wie herrlich strahlen aber diese Vorrechte, wenn man begriffen hat, daß sie das wirksame Zeichen, das Werkzeug der höchsten Gnaden sind! Und wie bewundernswert ist doch die leibliche Mutterschaft Mariens, samt allen Entsagungen und allen herzzerreißenden Verzichten, die sie zur Folge hat, da sie die Ursache der allerreinsten Liebe ist, die je einem Geschöpf ins Herz gelegt wurde!

Ergänzt durch die Worte Jesu, bekommt der Lobspruch der hochherzigen Galiläerin allmählich einen tieferen Sinn. Die Kirche macht sich ihre Worte zu eigen. Sie stellt sie neben die Worte Jesu in der Votivmesse *Salve, sancta Parens,* deren Evangelium eben diesem Lukaskapitel entnommen ist. Abermals hören wir sie vor der Kommunion, wenn Christus zu uns kommt, um uns im Sakrament ein wenig von jener Liebe mitzuteilen, die er am Tage seiner Mensch-

---

[18] Man sagt zu wenig, wenn man übersetzt: «Ja, selig jene, die . . .» Aber man würde dem Sinn des Textes noch weniger gerecht mit der Überzeugung: «Im Gegenteil, selig sind, die . . .»

[19] «Es ist klar, sagt P. LAGRANGE, daß die Antwort Jesu nichts in Abrede stellt. Es wäre sehr hart gewesen, einer Frau zu sagen, daß Fürsorge und Zärtlichkeit einer Mutter nicht zählen. Nur Calvin konnte Jesus eine solche Gefühlshaltung zuschreiben». (*Evangile selon saint Luc,* S. 336.)

werdung in überreicher Fülle Maria mitgeteilt hat: «Selig der Schoß der Jungfrau Maria, der den Sohn des ewigen Vaters getragen hat!» Indem die Kirche den preisenden Zuruf der unbekannten Frau in der Klarheit eines höheren Lichtes wieder aufnimmt, erfüllt sie fortwährend durch alle Zeiten die evangelische Prophezeiung der Jungfrau Maria: «Siehe, von nun an werden mich seligpreisen alle Geschlechter» (Lk. 1, 48).

Ihre Seele wird von einem Schwert durchbohrt, und die Geschlechter werden sie seligpreisen. Selig, weil sie nach dem Vorbild ihres Sohnes Leid und Trostlosigkeit im höchsten Maß erfahren hat.


*Das Wunder zu Kana*

Ist unsere Auslegung der Schriftstellen, die sich auf Maria beziehen, die einzig richtige? Stimmt es, daß Jesus jedesmal, wenn er die zärtliche Zuneigung seiner Mutter äußerlich abwehrt, sie um so mehr durch die Liebe an sich fesselt und sie noch inniger an seinem Erlöserwerk teilhaben läßt? Ein Ereignis, das zwar in die erste Zeit seines öffentlichen Lebens gehört, das wir jedoch bisher zurückgestellt haben, scheint uns diese Behauptung deutlich zu bestätigen. Wir meinen das Wunder zu Kana (vgl. Jo. 2, 1-11).

Zu Kana in Galiläa wurde eine Hochzeit gefeiert, und die Mutter Jesu war dabei. Als nun der Festwein ausging, waren die Gastgeber in Verlegenheit. Die Mutter Jesu bemerkte es und sagte zu ihm: «Sie haben keinen Wein mehr.» Äußerlich begnügt sie sich damit, ihn auf die Tatsache hinzuweisen. Innerlich aber verlangt sie ein Wunder.

Hier fällt die geheimnisvolle Antwort: «Ti emoi kai soi, gynai? — Was soll das für mich und für dich, Frau? ... Meine Stunde ist noch nicht gekommen.» Die Übersetzung: «Was soll das für mich und für dich?» ist die genaue Wiedergabe des griechischen Wortlautes. Der Sinn dieser Redewendung, die heute noch bei den Arabern von Palästina in Gebrauch ist, ließe sich genau mit den Worten wiedergeben: «Laß mich nur machen!» Ihre Bedeutung liegt ganz im Tonfall. Je nach der Betonung, mit der sie gesprochen werden, können sie manchmal Ausdruck der Ungeduld, eines Vorwurfes oder der Gleichgültigkeit sein. Aber im Zusammenhang des vorliegenden Ereignisses erweist sich jede dieser Deutungen als falsch. Diese Redewendung kann nämlich auch Ausdruck einer großen Güte sein und etwa bedeuten: «Mach dir keine Sorgen, ich habe alles gesehen, alles ist gut so, stelle alles mir anheim.» Und das meint Jesus, wenn er zu seiner Mutter spricht[20]. Wie später vom Kreuze herab

---

[20] «Ein Schriftausleger darf weder den natürlichen Sinn der Worte verheimlichen, noch sie vereinzelt ins Auge fassen ohne Rücksicht auf den Zusammenhang und außerdem auf die Sachlage. Die Araber in Palästina bedienen sich heute noch häufig des Ausdruckes: *ma-lech, quid tibi?* Die Tragweite des Wortes liegt ganz im Tonfall. Bald bedeutet es: «Kümmere dich um deine eigenen Angelegenheiten», bald wieder, mit einem Lächeln: «Laß mich nur machen, es wird schon alles gut.» Nun aber geht aus der ganzen Erzählung hervor, daß für Kana tatsächlich diese zweite Sinngebung zutrifft, mit mehr Ehrfurcht, aber ohne Zweifel auch mit mehr Herzlichkeit im Tonfall.» (M.-J. LAGRANGE, *Evangile selon saint Jean.* Paris 1925, S. 56.)

(vgl. Jo. 19, 26) redet er sie mit «Frau»[21] an, einem Wort, das die Ehrfurcht ausdrückt. Denn er spricht als Gott zu ihr in einer erhabenen Angelegenheit, die den Rahmen der Familienbeziehungen sprengt und an das Geschick des Gottesreiches rührt.

Eines scheint klar zu sein: Jesus lehnt die behutsame und verschwiegene Einladung seiner Mutter ab. Er tut es mit großer Güte und gibt ihr sogar den Grund an: seine Stunde sei noch nicht gekommen, in der er sein öffentliches Wirken mit Predigt und Wundertaten beginnen soll. Maria muß ihm also vorbehaltlos vertrauen, sie muß alles ihm anheimstellen. Und das hatte sie auch zum vornherein schon getan.

Nun aber wird alles, was für uns klar war, in unseren Augen plötzlich geheimnisvoll. Soeben hat Jesus seiner Mutter zu verstehen gegeben, daß seine Stunde nicht gekommen sei. Und sie handelt, als ob gerade das Gegenteil wahr wäre. Sie scheint des Wunders sicher zu sein: «Da sagte seine Mutter zu den Dienern: Tut alles, was er euch sagt!»[22]

---

[21] Die griechische Anrede «gynai» kann heute ohne weiteres mit «Frau» (französisch: femme) wiedergegeben werden, obwohl die ältere Übersetzung «Weib» an sich nichts Abschätziges enthält. Sie entspricht dem mittelhochdeutschen «wip», das die sachgemäße Wiedergabe des griechischen «gynä» war zur Bezeichnung des weiblichen Wesens gegenüber dem Mann. «Frau» hingegen (mhd. vrouwe) bezeichnete in der älteren Sprache nur die Herrin (Landesherrin), wie das ahd. fro den Herrn. Vgl. *Domina nostra* = unsere Herrin, Unsere Liebe Frau; Fronleichnamsfest = Fest des Leibes des Herrn. (*Anmerkung des Übersetzers.*)

[22] «Es ist erstaunlich, daß Maria mit dem Wunder zu rechnen scheint. Das ist die Haltung einer Mutter, die das Herz ihres Sohnes kennt. Sie achtet mehr auf den Tonfall seiner

Diese Worte liefern den Schlüssel zum Geheimnis. Wäre Mariens Gebet nicht gewesen, so wäre der Beginn des öffentlichen Wirkens Jesu von Ewigkeit her auf einen späteren Zeitpunkt angesetzt worden. Dann hätte Jesus, der den Menschen Zeichen und Wunder geben sollte, um seine Botschaft zu beglaubigen, für seine Selbstoffenbarung andere Gelegenheiten abgewartet: er hätte Lahme aufgerichtet, Blinden das Augenlicht geschenkt, Aussätzige gereinigt. Das ist es, was Jesus selber seiner Mutter eingesteht, wenn er ihr antwortet, seine Stunde sei, so verstanden, noch nicht gekommen. Indem er aber zugleich ihr Herz mit einer inneren Erleuchtung erhellt, will er ihr bekanntgeben, daß die Stunde seines öffentlichen Wirkens vorgerückt wurde, und zwar in Voraussicht der demütigen Bitte, die sie soeben an ihn gerichtet hat. O welch innige Zärtlichkeit, welch unendlich feinfühlige Liebe Jesu zu seiner Mutter liegt in diesen Worten des Evangeliums verborgen! Sie sind geheimnisvoll und zurückhaltend und erwecken daher bei gewissen Lesern den Eindruck frostiger Kälte. O wunderbare Macht aber auch der Fürbitte Mariens! Es hat genügt, daß eine Regung ihres Herzens, ein einziges Wort, das sie im Verlangen gesprochen hat, die geringste aller irdischen Sorgen zu lindern, von aller Ewigkeit her vorausgesehen waren, und darauf hin wurde von aller Ewigkeit her die Zeit vorgerückt, in der Jesus den Menschen das Gottesreich öffentlich verkünden sollte. Nichts Größe-

Stimme, auf seinen Blick, auf den Klang der Rede, als auf deren Wortlaut, und daher ist sie überzeugt, daß er seine Pflicht mit dem Wunsch, ihr zu gefallen, wird zu vereinbaren wissen.» (M.-J. LAGRANGE, *Evangile selon saint Jean*, S. 57.)

res ist je gesagt worden, nichts Größeres wird je gesagt werden über die Macht der Fürbitte Mariens, als der Bericht des Evangeliums über das Wunder zu Kana. Da ist die Stunde der Macht Mariens.

Maria hat unbegrenzte Gewalt über das Herz ihres Sohnes. Sie hat seinen Willen allzu vollkommen erfüllt, als daß er seinerseits ihren Willen nicht erfüllen sollte. Der Herr, sagt der Psalmist, «wird den Willen jener erfüllen, die ihn fürchten» (Ps. 145 [144], 19), mit kindlicher Liebe und Ehrfurcht. Tatsächlich sagt Jesus: «Füllt die Krüge mit Wasser! — Sie füllten sie bis zum Rande. Dann sagte er zu ihnen: Schöpft nun und bringt es dem Speisemeister ... So wirkte Jesus zu Kana in Galiläa das erste seiner Wunder. Er offenbarte seine Herrlichkeit, und seine Jünger glaubten an ihn.» Der Vermittlung Mariens hatten sie es zu verdanken, daß sie schon zu jener Zeit an ihn glaubten.

Maria ist ihrem Sohn nahe durch das Band der Liebe. Zugleich aber wächst der empfindliche Trennungsschmerz. Die Wunde war ihrem Herzen an jenem Tage geschlagen worden, da sich ihr Kind in Jerusalem ihrer Obhut heimlich entzogen hatte, und sie klafft immer breiter seit dem Beginn seines öffentlichen Wirkens. Dieser Schmerz wird ihr noch äußerst schwere Prüfungen bringen.

Zugleich mit der Stunde der Selbstoffenbarung Jesu in Kana wurde auch die Stunde seines Todes vorgerückt. Der Wein von Kana war das Sinnbild des Blutes Jesu. Der heilige Irenäus führt diesen großartigen Gedanken folgendermaßen aus: «Alles ist zum voraus dem Vater bekannt und wird sodann vom Sohn vollzogen, genau wie es sich ziemt, ganz natürlich und im richtigen Zeitpunkt. Als daher Maria das wunderbare

Zeichen des Weines beschleunigen wollte und vor der Zeit an der Schale der Verkürzung teilzuhaben wünschte, mäßigte der Herr ihre Eile, die seiner Stunde vorgriff, und sagte zu ihr: Frau, was soll das für mich und für dich? Meine Stunde ist noch nicht gekommen. — Er wartete auf die Stunde, die dem Vater zum voraus bekannt ist.»[23]

## III

## DIE VIER SCHMERZEN
## WÄHREND DES LEIDENS JESU

Die äußere Trennung der Mutter von ihrem Sohn wird noch empfindlicher in den Tagen seines bitteren Leidens und Sterbens.

### 4. Der Kreuzweg

*Vierter Schmerz.* — Auf dem Kreuzweg teilt Maria das Leiden ihres Sohnes. Pilatus hat Jesus den Juden ausgeliefert. Die römischen Soldaten bemächtigen sich seiner, um ihn zu kreuzigen. Einem Brauch gemäß mußte der Verurteilte sein Kreuz selber tragen[24]. Für Jesus wird keine Ausnahme gemacht: «Sie übernahmen also Jesus. Er trug sein Kreuz und ging hinaus an den Ort, der Schädelstätte heißt, hebräisch Golgotha genannt» (Jo. 19, 16-17). Sie sahen jedoch bald, daß Jesus wegen seiner großen Schwäche der Last zu er-

---

[23] IRENÄUS, *Adversus haereses,* III, 16, 7.
[24] Vgl. M.-J. LAGRANGE, *Evangile selon saint Jean,* S. 489.

liegen drohte. Schon waren sie, wie die Synoptiker andeuten, außerhalb der Stadt ... «Sie hielten einen gewissen Simon von Cyrene an, der vom Felde kam, und luden ihm das Kreuz auf, damit er es Jesus nachtrage» (Lk. 23, 26). Jesus trägt also das Kreuz nicht mehr. Er geht dem Zuge voran auf dem Weg nach Kalvaria. Lukas berichtet: «Eine große Volksmenge folgte ihm, auch Frauen, die um ihn weinten und wehklagten. Und Jesus wandte sich ihnen zu und sagte: Ihr Töchter Jerusalems, weint nicht über mich, weint vielmehr über euch und eure Kinder!» (Lk. 23, 27-28). Betrachten wir nun den vierten Schmerz[25].

Unter dem schmähsüchtigen Gesindel von Männern und Frauen, die sich aus Haß und trüben Gelüsten um Jesus zusammenrotteten, befinden sich doch auch Frauen, von denen gewiß mehrere ihn gekannt und geliebt haben und die Mitleid mit ihm empfinden. Maria ist unter ihnen. Sie versucht nicht, wie ehedem in Kapharnaum, sich vorzudrängen, um ihren Sohn in Schutz zu nehmen. Ihr mütterliches Liebesgefühl ist jetzt schon ganz gebrochen; sie hat sich völlig in das Opfer ergeben. Es ist nicht ihre Aufgabe, sich vorzudrängen, um Jesus zu trösten. Ihre Aufgabe besteht vielmehr darin, die furchtbare Verlassenheit nicht zu stören, die Jesus ausstehen muß, um das Heil der Welt zu wirken. Sie soll ferner diese abgründige Verlassenheit mit ihm teilen. Daher weint sie, verborgen inmitten

[25] Vgl. Römisches Brevier, 15. Sept., Responsorium nach der vierten Lesung der Matutin: R Als Jesus sein Kreuz trug, * folgte ihm eine Schar Frauen, die um ihn weinten und wehklagten. V Töchter Jerusalems, weint über euch selbst und über eure Kinder. Es folgte ...

der andern Frauen. Und da Jesus stillsteht und zu reden beginnt, weiß sie zum voraus, daß er kein Wort zu ihr sagen wird. Er wendet sich an die Töchter Jerusalems. Er läßt nicht zu, daß sie um ihn weinen. Er will keinen fühlbaren Trost. Sie sollen über sich selbst und über ihre Kinder weinen. Maria aber, die in ihrer Mitte weint, soll nicht über ihren Sohn weinen. Sie soll über die Kinder anderer Frauen weinen, über die Kinder jener Menschen, die ihren Sohn zum Tode führen. Sie will es gerne tun, seit langem will sie alles. Doch, welch neues herzzerreißendes Leid wird ihr auferlegt, und wie grausam wird ihr natürliches Empfinden zermalmt!

Wie erhaben wird zugleich ihre Aufgabe! Sie weint über die Sünden der Menschen. Sie leidet nicht für sich selbst, sondern für das Heil der Welt. Ihr Leiden, eng verbunden mit jenem des Erlösers, ist das Leiden der Miterlöserin. Aus persönlicher Erfahrung wird ihr bewußt, welche Abgründe des Leidens aus Liebe zu überwinden sind, um die Menschen vor dem schrecklichen Strafgericht zu bewahren, das über sie hereinzustürzen droht. Jesus gewährt uns eine blitzartige Schau dieses Strafgerichtes. Um die Bedeutung seines Leidens zu offenbaren, schlägt er auf eine Weile den Vorhang der Gegenwart zurück und mit einem Wort, das wie eine dringende Mahnung seiner Liebe klingt, enthüllt er die unendlichen Anforderungen der göttlichen Gerechtigkeit: «Seht, es kommen Tage, da man sagen wird: Selig die Unfruchtbaren, deren Schoß nicht geboren und deren Brust nicht genährt hat! Dann wird man den Bergen zurufen: Fallet über uns! und den Hügeln: Bedecket uns! Wenn dies nämlich am grünen Holze geschieht, was wird dann am dürren geschehen?» (Lk. 23, 29-31). Wenn die göttliche Gerechtigkeit schon den Unschuldigen solche Leiden auferlegt, welches Los wird dann erst die Schuldigen treffen? Wenn Gott entschlossen ist, sogar mit dem grünen Holze Feuer anzuzünden, wie könnte dann das dürre Holz verschont bleiben?

Maria kennt nun die geheimnisvolle Grenzenlosigkeit der Erlösung. Sie weiß einerseits um das ganze Ausmaß der Sünde der Welt und anderseits um die Tiefe ·und die unendliche Würde des Schmerzes, der den Preis ihrer Sühne darstellt. Auf den Spuren ihres Sohnes steigt sie mit ihrem ganzen Wesen, mit ihrem Herzen und ihrem Leib tiefer hinab denn je in die Abgründe des erlösenden Leidens.

## 5. Die Kreuzigung

*Fünfter Schmerz.* — Der Tod wird die geheimnisvollen, innigen Bande zwischen Maria und ihrem Sohn noch mehr zerreißen. «Sie erreichten den Ort, der Schädelstätte heißt, und da kreuzigten sie ihn . . . (Lk. 23, 33). Beim Kreuze Jesu standen seine Mutter und die Schwester seiner Mutter, Maria, die Frau des Kleophas, und Maria Magdalena» (Jo. 19, 25). Am Fuße des Kreuzes erlebt Maria die Kreuzigung ihres Sohnes[26]. Das ist der fünfte Schmerz[27]. Maria steht am

[26] «Sie ist . . . bei ihrem Sohn, nicht so sehr durch die körperliche Nähe als durch die Gemeinsamkeit der Schmerzen.» (BOSSUET, *Sermon pour la fête de la Compassion de la Sainte Vierge,* 1658 oder 1659.)

[27] Vgl. Römisches Brevier, 15. Sept., Responsorium nach der fünften Lesung der Matutin: R Als sie an den Ort gekommen waren, der Kalvaria heißt, kreuzigten sie ihn daselbst.

Fuße des Kreuzes. Ihre Kräfte versagen nicht[28]. Die heiligen Frauen brauchen sie nicht zu stützen[29]. Sie ist es vielmehr, die durch die Kraft ihrer Liebe, welche stark ist wie der Tod, in dieser Stunde die ganze Kirche stützt. Stehend hört sie die Sieben Worte, die von der Höhe des Kreuzes herabfallen in ihr trostloses Herz. «Christi Mutter stand mit Schmerzen . . .»

Maria steht in der Nähe des Kreuzes, und doch versucht sie nicht, das Kreuz zu umarmen. Sie wahrt den Abstand. Sogar in dieser letzten Stunde muß sie trotz ihrer Liebe von ihrem Sohn getrennt bleiben. Bei seinem Klageruf: «Mich dürstet», wird nicht sie, sondern ein Soldat einen Schwamm in Essig tauchen, ihn auf einen Ysopstengel stecken und an den Mund Jesu halten[30].

Es scheint wirklich, daß sie nun alles hingegeben hat und nichts mehr ihr eigen nennt, was man ihr entreißen könnte. Und doch wird ihr von ihrem Sohn eine noch schmerzhaftere Trennung auferlegt. Er will nicht, daß sie erst im Augenblick seines Todes ihren Sohn verliere. Während er noch lebt, bricht er ein letztes Mal ihr liebendes Herz, das doch in edelster Reinheit und Verschwiegenheit vom Fuße des Kreuzes ihm fühlbar entgegenschlägt. Er will arm und mutterlos sterben.

---

* Es stand aber neben dem Kreuze Jesu seine Mutter. V Damals hat das Schwert der Schmerzen ihre heilige Seele durchbohrt. Es stand . . .

[28] Siehe Anhang, S. 80.

[29] Im Gegensatz zur Darstellungsweise der italienischen Künstler des 15. Jahrhunderts, manchmal sogar des Fra Angelico, der doch in seiner Muttergottesverehrung sehr hellsichtig war.

[30] Vgl. Jo. 19, 28-29.

Sie muß jetzt schon bereit sein, ihre Mutterliebe einem anderen zuzuwenden. «Als Jesus seine Mutter sah und neben ihr den Jünger, den er liebte, sagte er zu seiner Mutter: Frau, sieh da deinen Sohn!» (Jo. 19, 26). Dieses Wort hatte für Johannes einen unsagbar beseligenden Klang, erregte jedoch in Maria tiefe Bestürzung. Gewiß, sie liebte den Jünger, den Jesus liebte. Doch welch ein Tausch! Der heilige Bernhard ruft aus: «Johannes wird dir an Jesu Statt gegeben, der Knecht für den Herrn[31], der Sohn des Zebedäus für den Sohn Gottes, ein bloßer Mensch für den wahren Gott!»[32] «Die Seele Mariens wurde zutiefst aufgewühlt»[33] durch dieses Wort. «Es war schlimmer als ein Schwertstoß, es durchbohrte wahrhaft ihre Seele, es drang bis zur Scheidung von Seele und Geist vor ... Wundert euch nicht, Brüder, wenn Maria wegen ihrer Seelenleiden als Märtyrin bezeichnet wird.»[34]

Und doch stand Maria aufrecht beim Kreuz. Sie war noch da, als die Soldaten den beiden Mitgekreuzigten die Beine zerschlugen und zu Jesus hintraten. «Sie sahen, daß er schon tot war. Darum zerschlugen sie ihm die Beine nicht, sondern einer der Soldaten stieß ihm seine Lanze in die Seite, und sogleich floß Blut und Wasser heraus» (Jo. 19, 33-34). Soeben hat das Leiden des Erlösers ein Ende genommen, die Erlö-

---

[31] Diese Worte stehen schon beim hl. Anselm. Vgl. Dom A. WILMART, O. S. B., *Auteurs spirituels et textes dévots du moyen âge latin.* Paris 1932, S. 506.

[32] S. BERNHARD, *Sermo de duodecim praerogativis B. V. Mariae.* Migne P. L., Bd. 183, Sp. 438.

[33] BOSSUET, *Panégyrique de l'Apôtre saint Jean,* 27. Dez. 1658.

[34] S. BERNHARD, a. a. O.

sung der Welt ist somit vollzogen. Aber das Leiden der Miterlöserin Maria ist nicht vollendet; es muß weiterdauern bis zu dem Tage, da es unter dem Druck einer immerfort wachsenden Liebe schließlich ihre Seele vom Leib trennen wird. Maria empfindet den Lanzenstoß bis in die innersten Tiefen ihres Wesens. Hier ist das Ziel des fünften Schmerzes erreicht.


## 6. Die Kreuzabnahme

*Sechster Schmerz.* — «Am Abend kam ein reicher Mann aus Arimathäa, namens Joseph, der auch ein Jünger Jesu war. Er begab sich zu Pilatus und bat um den Leichnam Jesu. Pilatus ließ ihm den Leichnam übergeben» (Mt. 27, 57-58). Lukas (vgl. Lk. 23, 53) und Johannes (vgl. Jo. 19, 38) sagen ausdrücklich, Joseph von Arimathäa habe die Kreuzabnahme persönlich vorgenommen. Kein Zweifel, daß die heiligen Frauen ihm dabei behilflich waren und daß Maria ihren Sohn am Fuße des Kreuzes in Empfang nahm[35]. Die Kirche kann also in ihrer Liturgie beifügen, Maria habe den Leichnam Jesu entgegengenommen und in ihren Armen gehalten. Und sie vergleicht die schmerzhafte Jungfrau mit der Sunamitin (vgl. IV. Könige 4, 20), die ebenfalls das vom Propheten wunderbar verheißene Kind tot auf ihren Schoß gebettet hatte[36]. So

[35] Vgl. M.-J. LAGRANGE, *L'Evangile de Jésus-Christ*, S. 577.
[36] Vgl. Röm. Brevier, 15. Sept., Responsorium nach der sechsten Lesung der Matutin: R Joseph von Arimathäa * bat um den Leichnam Jesu, als er vom Kreuze abgenommen

erinnert sie mit einigen spärlichen Worten an das Bild der Schmerzensmutter, das die christliche Volksfrömmigkeit so sehr angesprochen und die Künstler des ausgehenden Mittelalters zu ergreifenden Darstellungen veranlaßt hat.

Endlich läßt sich Jesus von seiner Mutter umarmen. Wie in längst vergangenen Tagen drückt sie ihn an ihr Herz. Alle wonnevollen Erinnerungen aus der frühen Kindheit des Erlösers wachen erneut in ihr auf. Ihr Kummer wird aber nur um so herber. Wenn sich Jesus nun ihrer Umarmung überläßt, so geschieht es leider, weil er fortan nicht mehr getröstet werden kann. Allein und ohne den Beistand irgendeines menschlichen Wesens hat er den Kelch des Leidens und des Todes getrunken. Ihre Arme umfassen jetzt mit grenzenloser Ehrfurcht seinen heiligen Leib, der trotz seiner Trennung von der Seele unmittelbar mit der zweiten Person Gottes vereinigt bleibt. Sie betrachtet seine Wunden, für die jede Pflege überflüssig ist. «Von der Sohle bis zum Scheitel ist kein heiler Fleck an ihm, nur Beulen, Striemen und frische Wunden» (Is. 1, 6). Übrigens gehört er ihr nur für kurze Zeit.

## 7. Die Grablegung

*Siebenter Schmerz.* — Trotz allem regt sich in Maria keine Auflehnung, kein Sträuben denen gegenüber, die ihr den Leichnam ihres Sohnes zurückverlangen, um

wurde, * da nahm ihn seine Mutter in ihre Arme. V Voll Trauer hielt die Sunamitin ihren toten Sohn auf ihrem Schoß und auf ihren Knien. Er bat... Ehre sei... Da nahm...

ihn zu bestatten. Joseph von Arimathäa hatte ein Leichentuch gekauft (vgl. Mk. 15, 46). Nikodemus gesellte sich zu ihm. «Sie nahmen den Leichnam und wickelten ihn samt den Gewürzkräutern in Linnentücher ein, wie es bei den Juden Bestattungsbrauch ist. An dem Ort, wo er gekreuzigt worden war, befand sich ein Garten und in dem Garten ein neues Grab, in das noch niemand gelegt worden war. Dorthin legten sie Jesus wegen des Rüsttages der Juden, und weil das Grab in der Nähe war» (Jo. 19, 40-42).

Der Abschied von ihrem Sohn verursacht Maria neuen Schmerz[37]. Von nun an wird sie ihn nie mehr sehen in dieser leidensfähigen Menschengestalt, die er von ihr bekommen und die sie so innig geliebt hat. Sie erduldet diesen letzten Schmerz, ohne daß ihre Kräfte versagen[38]. Jetzt beginnt für sie ein neues Leben. Ihr fällt fortan die Aufgabe zu, im Herzen der kämpfenden Kirche zu stehen, um sie durch das Schweigen ihrer Betrachtung und ihrer Liebe zu stützen. Das tatkräftige Wirken bleibt anderen vorbehalten. Die Evangelien erzählen von Maria Magdalena und von der anderen Maria; nachdem Joseph von Arimathäa sich entfernt hatte, seien sie, dem Grabe gegenüber sitzend,

[37] Vgl. Röm. Brevier, 15. Sept., Responsorium nach der siebenten Lesung der Matutin: R Wie war dir zumute, o Schmerzensmutter, * als Joseph deinen Sohn in das Leinentuch einhüllte und ihn ins Grab legte? R Merkt auf und seht, ob ein Schmerz gleich ist meinem Schmerze. Als Joseph...

[38] In den großen plastischen Grablegungsgruppen, die im 15. Jahrhundert besonders in Frankreich entstanden sind, erscheint jedoch Maria stets in Ohnmacht und von Johannes gestützt. (Vgl. EMILE MALE, *L'art religieux de la fin du moyen âge en France,* S. 132-140.)

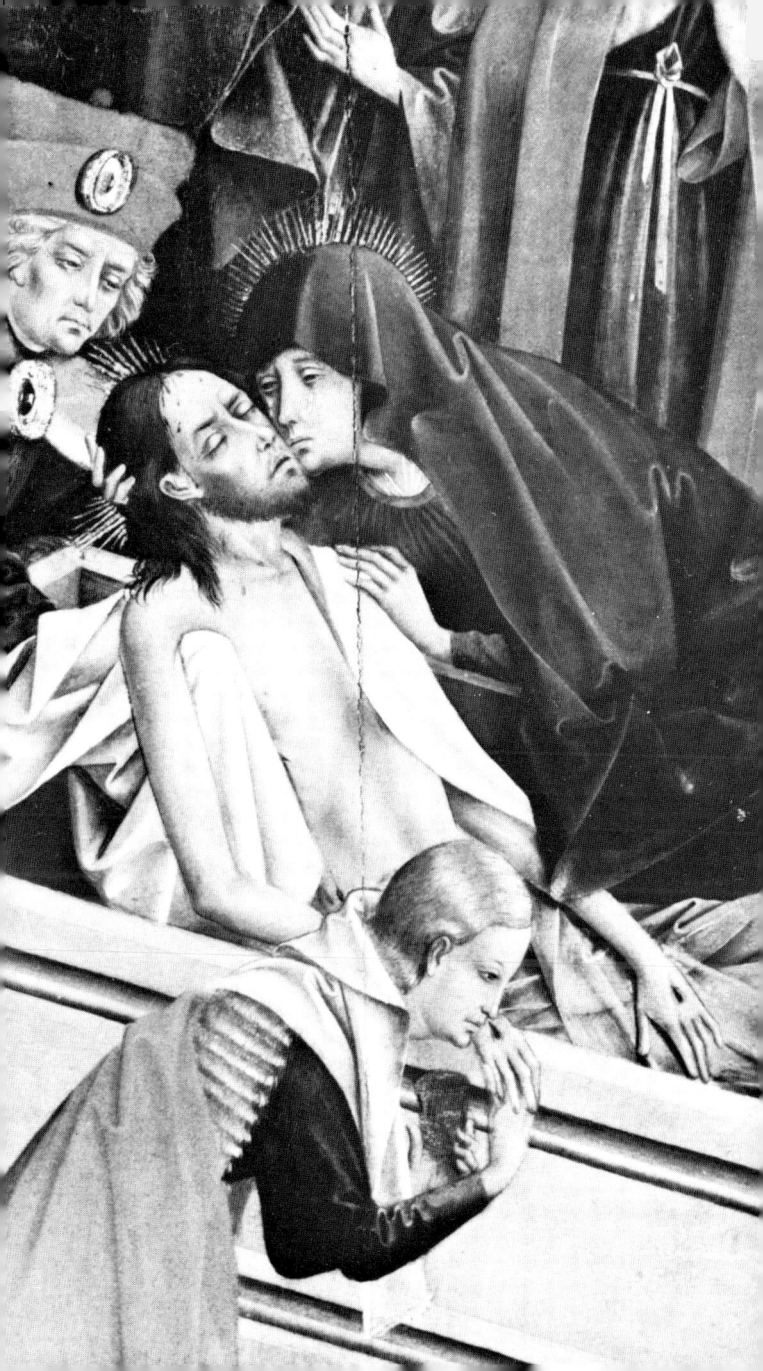

eine Zeitlang dort geblieben (vgl. Mt. 27, 60-61), während die anderen Frauen nach der Stadt zurückkehrten, um Gewürzkräuter und Salben zu bereiten (vgl. Lk. 23, 56). Denn die Einbalsamierung Jesu mußte in aller Eile geschehen. Nochmals ist die Rede von ihnen am Ostermorgen, sowie von Johannes, dessen Mutter Maria geworden war, und noch von vielen anderen. Maria hingegen wird nicht mehr erwähnt. Ihr Leben spielt sich ganz im Innern der Seele ab. Einst hatte sie die ersten Worte Jesu gehört und sie tief in ihrem Herzen bewahrt. Soeben hat sie seine letzten Worte vernommen, seine sieben letzten Worte; die Erinnerung daran wird die ganze Zeit, die sie noch auf Erden zu verbringen hat, hinreichend ausfüllen.

Sie weiß, daß das Werk des persönlichen, leibhaftigen Christus vollendet ist und daß das Werk des totalen, geheimnisvollen Christus, der Kirche, begonnen hat. Während des öffentlichen Wirkens Jesu hatte sie nicht gepredigt, sondern gebetet, geliebt und gelitten; ebensowenig sollte sie jetzt predigen, da er die Kirche in seinem Blut gegründet hatte. Ihre Aufgabe sollte es sein, für die Kirche zu beten, zu lieben und zu leiden. Und wenn die Heilige Schrift ihren Namen am Vorabend von Pfingsten nochmals erwähnt, so zeigt sie uns Maria im Gebet vereint mit den Aposteln, den Verwandten Jesu und der ganzen Christengemeinde: «Sie alle verharrten einmütig im Gebete mit den Frauen, mit Maria, der Mutter Jesu, und mit seinen Brüdern» (Apostelgesch. 1, 14).

Als am Abend nach der Grablegung Joseph von Arimathäa fortgegangen war und als die Lichter des Sabbat in Jerusalem aufleuchteten (vgl. Lk. 23, 54), kam ihr aus Erfahrung zum Bewußtsein, daß sie nun hienieden keinen Menschen mehr hatte, zu dem sie ihre Zuflucht nehmen konnte, und sie erkannte, wie erdrückend die Last des Leidens war, die ihr Jesus aufgebürdet hatte, als er sie zu *unserer Mutter* bestimmte. Das war der siebente Schmerz.

O ihr alle, die ihr in diese Welt kommt, um euch hier abzumühen, «merkt auf und seht, ob es einen Schmerz gibt, der meinem Schmerz vergleichbar wäre!» (Klagelied 1, 12). Und du, Bruder, für den sie geweint hat, «vergiß nie in der Tiefe deines Herzens die Seufzer deiner Mutter, damit Erbarmen und Segen dieser unvergleichlichen Tage dir in Fülle zuteil werde»[39].


## SCHLUSSWORT

«Auch deine Seele wird ein Schwert durchbohren.» Vom ersten bis zum siebenten Schmerz drang das von Simeon prophezeite Schwert immer tiefer in Mariens Herz ein. So lernte sie aus eigener Erfahrung immer neue Schmerzen kennen. Jetzt ist sie noch untröstlicher als die Tochter von Jerusalem im Klagelied des Propheten: «Wem soll ich dich nur vergleichen, wem dich ähnlich nennen, du Tochter von Jerusalem? Wen dir zur Seite stellen, um dich zu trösten, Jungfrau, Tochter Sions? Denn unermeßlich wie das Meer ist dein Schmerz.»[40] Sie ist jedoch stark geblieben in ihrem Leid. Weder ihre Seele, noch ihr zarter Körper wurde auch nur einen einzigen Augenblick von Schwäche an-

[39] Römisches Brevier, 15. Sept., Responsorium nach der achten Lesung der Matutin.

[40] Klagelied 2, 13. — Diese Schriftstelle bildet das Capitulum der Laudes vom 15. September.

gewandelt. Obwohl sie nicht im strengen Sinn das Martyrium erlitten hat[41], übertreffen doch ihre Liebe und ihr Opfermut in unvergleichlicher Weise die Liebe und den Opfermut der Märtyrer. Und auch ihr Schmerz ist größer als jener der Märtyrer: mehr als diese hat sie die erdrückende Last der Sünde der Welt getragen. Sie ist Märtyrin in einem höheren Sinn, obwohl sie es nicht im eigentlichen Sinn ist. Die Jungfrauen überragt sie an Reinheit und die Märtyrer an Starkmut. So kann die Kirche am 15. September im letzten Responsorium der Matutin singen:

Sei gegrüßt, du edle Herrin,
Aller Märtyrer erste Rose,
Lilie in der Jungfrauen Chor...

Und im Kommunionlied der Festmesse preist sie die Schmerzensmutter mit dem Zuruf: «Glückselig die Schmerzen der heiligen Jungfrau Maria, die unter dem Kreuze des Herrn ohne Tod die Märtyrerpalme verdiente!»

Wer denn könnte besser als die Schmerzenreiche Jungfrau uns in das abgrundtiefe Geheimnis des Erlöserleidens einführen? Oh, könnten wir doch vor unserem Tode dieses Geheimnis nur annähernd so ergründen, wie sie es ergründet hat! Wir wollen uns wenigstens danach sehnen. Beten wir mit der Kirche um diese Gnade: «O Gott, bei Deinem Leiden drang, wie Simeon es geweissagt hat, ein Schwert des Schmerzes durch das allergütigste Herz der glorreichen Jungfrau und Mutter Maria; verleihe uns, die wir in from-

---

[41] Vgl. THOMAS VON AQUIN, *Summa theologica*, Suppl. qu. 96, art. 6, ad 4.

mem Gedanken ihre Schmerzen verehren, die Gnade, die selige Wirkung Deines Leidens zu erfahren.»[42]

In der «Lebendigen Liebesflamme»[43] bezeichnet der heilige Johannes vom Kreuz die Durchbohrung des Herzens als eine wunderbare Gnade, die der kleinen Zahl von Seelen vorbehalten ist, welche bis zum Ende der Liebe treu bleiben, insbesondere jenen, deren Tatkraft und Geist im Laufe der Zeit einer Reihe von geistlichen Söhnen vererbt werden sollen. Denn — so sagt der mystische Lehrer — Gott schenkt den Ordensgründern übernatürliche Schätze und Kräfte, die imstande sind, die ganze Abfolge ihrer Jünger zu beseelen. Ihr Herz muß gleichsam durchbohrt werden, damit die Ströme der Gnade daraus hervorquellen und sich über die anderen ergießen können.

Die Durchbohrung des Herzens Mariens ist ein Geheimnis der Liebe und des Leidens, das noch erhabener und noch strahlender ist als die außerordentliche Gnade der Wundmale, die dem heiligen Franziskus und der heiligen Theresia zuteil wurden. Unter dem Kreuz empfängt Maria in ihrem Herzen, das sich auf die Welt öffnet, eine überirdische Liebe, die so stark, so glühend, so zart, so weltweit ist, daß sie alle ohne Ausnahme umfassen kann, die ihr Jesus als Kinder anvertraut hat, bis an die Grenzen der Erde und bis zum Ende der Zeiten.

So ist die Durchbohrung des Herzens Mariens in einem höheren Maße als alle anderen der Durchbohrung des Herzens Jesu ähnlich geworden, das für die Welt einziger Quell der Erlösung ist.

[42] Oration der Messe vom 15. September.
[43] *Obras de San Juan de la Cruz,* Silverio de Santa Teresa. Bd. IV., S. 83 (und S. 138).

ANHANG


DIE SCHMERZENSMUTTER
(Einige Hinweise)

## 1. Zur Ikonographie

In seiner Studie über die Darstellung der schmerzhaften Muttergottes in der mittelalterlichen Kunst weist Emile Mâle[44] auf ein französisches Manuskript aus dem Ende des 14. Jahrhunderts hin, in dem er die ersten Spuren einer Verehrung der Sieben Schmerzen Mariä festzustellen glaubt. Damals war die Andacht zu den Freuden Unserer Lieben Frau schon längst in Brauch. Die Benennung der sieben Schmerzen ist in den Anfängen noch nicht festgelegt. Die endgültige Aufzählung, die aber keineswegs alle anderen zu verdrängen vermochte, ist jedoch schon sehr früh nachweisbar: 1. Die Prophezeiung des Simeon; 2. Die Flucht nach Ägypten; 3. Das Verschwinden des Jesusknaben; 4. Die Begegnung am Kreuzweg; 5. Die Kreuzigung; 6. Die Kreuzabnahme; 7. Die Grablegung. Ein Miniaturbild aus dieser Zeit stellt bereits Maria dar mit einem Schwert in der Brust.

Gegen Ende des 15. Jahrhunderts sind auf einigen Stichen die sieben Schwerter zu sehen, die «in der Brust Mariens stecken und sie mit einem unheimlichen Strahlenkranz umgeben»[45]. Mag auch der künstleri-

---

[44] *L'art religieux à la fin du moyen âge.* Paris 1922, S. 22.
[45] Ebd.

sche Wert dieser Darstellungsweise umstritten sein, die Kirche hat sie jedenfalls nicht verworfen[46].


## 2. Zur Geschichte

Im ausgehenden 15. Jahrhundert erfährt die Andacht zu den sieben Schmerzen in Flandern eine starke Verbreitung. Johann von Coudenberghe, der Sekretär Karls V., gründet daselbst Bruderschaften Unserer Lieben Frau von den Sieben Schmerzen. Er übernimmt die bereits allgemeingültige Reihenfolge der sieben Schmerzen. Wir erfahren von ihm, daß in jenen unheilvollen Jahren die Marienverehrer bei der Betrachtung jedes einzelnen Schmerzes ein Vaterunser und ein Ave Maria zu beten pflegten und daß sie die Muttergottes, deren Leiden sich in Freuden wandelten, um Verwandlung ihrer Trauer in Heiterkeit anflehten[47].

Vom literarischen Gesichtspunkt aus wurde die Andacht zur Schmerzensmutter neuerdings von Dom A. Wilmart, O.S.B., erforscht[48]. Seinerseits weist er

---

[46] Vgl. BENEDIKT XIV., *De festis Domini Nostri Jesu Christi, Beatae Mariae Virginis et quorumdam sanctorum*, lib. II. cap. 4, fin. — «Dieses äußerst realistische Bild verschwand auch im 17. Jahrhundert nicht ganz, finden sich doch noch Beispiele dafür in Italien und in Spanien.» (EMILE MALE, *L'art religieux après le Concile de Trente*. Paris 1932, S. 291.)

[47] Vgl. [H. DELEHAYE, S. J.], *La Vierge aux Sept glaives*, in: *Analecta Bollandiana*, 1893, S. 344.

[48] Vgl. A. WILMART, *Auteurs spirituels et textes dévots du moyen âge latin*, Kap. XVIII: *Les méditations d'Etienne de Salley sur les Joies de la Vierge Marie*, S. 317, und Kap. XXIII: *Prières de Compassion*, S. 505.

nach, daß die Andacht zu den Freuden Mariens vor der Andacht zu ihren Schmerzen aufkam. Sie geht bis ins 11. Jahrhundert zurück, war im Mittelalter sehr beliebt und hat Anlaß gegeben zu einem reichen Schrifttum. In etwas veränderter Form lebt sie heute noch weiter in der Andacht zu den freudenreichen und glorreichen Geheimnissen des Rosenkranzes. Den fünf oder sieben Freuden der heiligsten Jungfrau entsprachen bald die fünf oder sieben Schmerzen. Wilmart glaubt die ersten Anfänge der Andacht zur Schmerzensmutter beim heiligen Anselm im 11. Jahrhundert zu finden. Er verfolgt deren Entwicklung im 12. sowie im 13. Jahrhundert beim heiligen Bonaventura und in der Franziskanischen Schule.

Sodann legt er vier Arten von Texten vor, welche die besonderen Bemühungen des 14. Jahrhunderts kundtun, um dieser Andacht eine neue literarische Gestalt zu geben. Diese Gebete und Betrachtungen erinnern an die sieben *Schmerzen*, die sieben «Stunden» des *Mitleids*, die sieben *Traurigkeiten* Mariens während der Passion und die sieben *Schwerter,* die ihr Herz durchbohrten.

Die eigentliche Blütezeit der Andacht zur Schmerzhaften Muttergottes war jedoch vornehmlich das 15. Jahrhundert.


### 3. Das liturgische Fest

Das Fest der Sieben Schmerzen Mariä wurde zuerst nur in einzelnen Kirchensprengeln gefeiert, und zwar unter den verschiedensten Titeln: «Compassio» (Mitleiden), Marienklage, Beweinung, Durchbohrung oder Martyrium des Herzens Mariä, Unsere Liebe Frau von den Sieben Schmerzen, Maria Schmerzensmutter (Notre-Dame de la Pitié) und sogar Unsere Liebe Frau von der Ohnmacht (Notre-Dame du Spasme oder Notre-Dame de la Pâmoison, s. S. 82). Am 14. April 1423 hatte eine Synode der Kölner Provinz das Fest Mariä Mitleiden unter Verleihung von Ablässen vorgeschrieben, um Sühne zu leisten für die Unehrerbietigkeiten der Hussiten. Am 22. April 1727 wurde das *Fest der Sieben Schmerzen der allerseligsten Jungfrau Maria* von Papst Benedikt XIII. auf die ganze abendländische Kirche ausgedehnt. Es wird am Freitag nach dem Passionssonntag gefeiert.

1667 wurde jedoch dem Servitenorden gestattet, das ausdrückliche Gedächtnis der Sieben Schmerzen ein zweites Mal im Jahr zu begehen. Kraft eines Erlasses vom 18. September 1814 wurde dieses zweite Fest von Papst Pius VII. auf die ganze Kirche ausgedehnt, zum Dank für seine Rückkehr aus der Gefangenschaft Napoleons[49]. Dieses Herbstfest, das ursprünglich auf den dritten Sonntag im September angesetzt war, wurde 1913 von Papst Pius X. auf den 15. September verlegt, den Oktavtag von Mariä Geburt. Im Tagesoffizium dieses zweiten Festes werden die sieben Schmerzen einzeln genannt. Das Meßformular ist für beide Feste das gleiche.

Schließlich sei noch erwähnt, daß bei den Serviten der Brauch aufkam, die Schmerzensmutter mit einem schwarzen Mantel darzustellen (Schwarz ist die Farbe ihres Ordenskleides). Am 21. Februar 1643 wurde die

---

[49] Vgl. *Decreta authentica Congregationis Sacrorum Rituum.* Rom 1900, Bd. III, S. 281, Nr. 3851.

umstrittene Frage der Ritenkongregation vorgelegt. Die Meinungen waren geteilt, und die Antwort verzögerte sich. Einige Konsultoren betonten jedoch, es zieme sich nicht, Maria in Trauer zu kleiden, da sie ihre Schmerzen anders getragen habe als die übrigen Frauen[50].

Laut Erlaß vom 21. März 1744 ist es immerhin gestattet, am Abend des Gründonnerstags eine schwarz verschleierte Statue der allerseligsten Jungfrau mit dem Leichnam Christi auf dem Schoße in den Kirchen aufzustellen[51].


## MARIA MITERLÖSERIN
### (zu Seite 26 f.)

1. «Wenn jemand zu mir kommt, aber Vater und Mutter, Frau und Kinder, Brüder und Schwestern, ja auch sich selbst nicht hintansetzt, so kann er nicht mein Jünger sein» (Lk. 14, 26). Der Verzicht, den Jesus von uns fordert, betrifft ohne Zweifel zuerst alles, was an der Liebe zwischen Verwandten unerlaubt sein könnte; und das kann weiter gehen, als man gemeinhin annimmt. Sodann verlangt er den Verzicht auf alles Unvollkommene. Nun sind die Heiligen besonders hellsichtig für jede Unvollkommenheit. Darum haben sie diese Worte mit einer Bereitwilligkeit befolgt, die uns erschreckt.

---

[50] Vgl. *Decreta authentica Congregationis Sacrorum Rituum*. Rom 1900, Bd. I, S. 177, Nr. 824.
[51] Ebd., Bd. II, S. 85, Nr. 2375, ad 4.

Gründliche Auslegungen haben dargetan, daß die Weisungen des Evangeliums und der Heiligen, die nicht die geringste Abschwächung ertragen, sich keineswegs auf das *Wesen* der Liebe beziehen, als ob wir die Gefühle kindlicher Ehrfurcht ausrotten und hartherzig und gleichgültig werden müßten. Sie beziehen sich vielmehr auf den *Eigenbesitz* dieser Gefühle: wir dürfen in unserem Herzen nicht den geringsten Vorbehalt machen. Wir müssen unser Herz vorbehaltlos Gott zur Verfügung stellen. Wenn Gott über unsere persönlichen Gefühle herrscht, wird er selbst uns eine kindliche Liebe zu den Eltern und Angehörigen eingeben. «Zwischen der einen und der anderen Art dieses doppelten Absterbens liegt der ungeheure Abstand, der das Übermenschliche vom Unmenschlichen trennt.»[52]

Maria hatte von Anfang an alle Regungen ihres Herzens Gott geschenkt. Sie hatte im Augenblick der Menschwerdung auf den *Eigenbesitz* ihrer Mutterliebe ohne Vorbehalt verzichtet. Die immer schmerzlicheren Verzichte, die von ihr gefordert werden, haben nicht den Zweck, sie wegen den Unvollkommenheiten ihrer Liebe zu läutern, gab es doch in ihr nicht den geringsten Schatten einer Unvollkommenheit. Sie haben einzig den Zweck, sie teilnehmen zu lassen am Erlöserleiden ihres Sohnes.

Das Leiden Jesu war nicht zu seiner eigenen Läuterung bestimmt, sondern zur Erlösung der Welt; es war nicht läuternd für ihn selbst, sondern heilbringend für die Welt. Wie das Leiden ihres Sohnes, so war auch das

[52] JACQUES MARITAIN, Vorwort zu: P. Bruno de Jésus-Marie, *Saint Jean de la Croix,* S. 19; zitiert in: *Les degrés du savoir,* S. 904.

Leiden der makellosen Jungfrau nicht läuternd für sie selbst. Aber Maria konnte es vereinigen mit dem Leiden, das Jesus für das Heil der Menschen ertrug. Und in diesem Sinne war sie Miterlöserin.

2. Betonen wir zugleich die Ähnlichkeit und die Verschiedenheit des heilbringenden Leidens bei Jesus und bei Maria. Man könnte vorerst darauf hinweisen, daß das Leiden Jesu keine Vermehrung der Gnade in seiner Seele bewirken konnte, während Maria durch ihr Leiden eine allmähliche Steigerung ihrer Liebe verdiente. Wir wollen aber besonders dartun, daß das Leiden Jesu und jenes Mariens nicht im gleichen Maße heilbringend war.

Das Leiden Jesu war das Leiden dessen, den Gott zum alleinigen Oberhaupt der ganzen Menschheit bestimmt hatte. Daher war es *primär* und *aus eigener Kraft* heilbringend. Ferner hatte es infolge der unendlichen Würde der Person Jesu einen *unendlichen Wert*; es war heilbringend gemäß den strengsten Forderungen der Gerechtigkeit und stellte eine überreichliche Sühne dar für die Sünden aller Menschen aller Zeiten.

Das Leiden der Jungfrau Maria hingegen hat selbstverständlich nur einen *endlichen Wert*. Zudem verdankt es seine ganze heilbringende Wirkung dem Leiden Jesu. Es ist nur *sekundär* und *aus mitgeteilter Kraft* heilbringend. Jesus hat nämlich seine Mutter so sehr geliebt, er hat sie so sehr nach seinem Vorbild gestaltet, daß er ihrem mütterlichen Leiden einen gewissen Anteil an der Würde seines eigenen Leidens geben wollte: nach seinem Willen sollte es seinem eigenen Leiden beigesellt sein und zugleich mit dem seinigen in Anschlag kommen, um Genugtuung zu leisten für die Bosheit aller Menschen. Auf dieselbe Weise, wenn auch in geringerem Maße, begünstigt Gott ganz große Heilige, die er zum Sühneleiden für die Sünden der Mitmenschen beruft. Der heilige Paulus war, wie er selbst gesteht, voller Freude inmitten der Leiden, die er für die Kolosser erduldete, und so ergänzte er, gemäß seinen geheimnisvollen Worten, «an seinem eigenen Leibe, was den Leiden Christi noch abging, zugunsten seines Leibes, der die Kirche ist» (Kol. 1, 24).

Das Mitleiden Mariens vereinigt sich also mit dem Leiden Christi, um *Sühne zu leisten* für die Sünden der Welt.

3. Damit ist aber nicht alles gesagt. Das Mitleiden Mariens vereinigte sich zudem mit dem Leiden Christi, um der ganzen Welt das Heil zu *verdienen*.

Was versteht man unter Verdienst? Wenn der Mensch unter Gottes Antrieb frei handelt und das Ziel erreicht, das ihm Gott aus reiner Güte gesetzt hat, dann spricht man von Verdienst[53]. Im Hinblick nun auf den *Antrieb Gottes,* der den Menschen ins richtige Verhältnis setzt zu seinem Ziel, spricht man von einem eigentlichen Verdienst mit Rechtsanspruch; und im Hinblick auf die Zustimmung des *freien Willens* unter dem Antrieb der Gnade erscheint es billig, daß Gott dem Menschen, der dem göttlichen Antrieb entspricht, seine Gunst zuwende: dies ist das uneigentliche Verdienst mit Billigkeitsanspruch, das auf Freigebigkeit und Freundschaft beruht[54].

[53] Vgl. THOMAS VON AQUIN, *Summa theologica,* Ia IIae, qu. 114, art. 1.
[54] Ebd., art. 3.

Wenn folglich ein Mensch unter dem Antrieb der Gnade um der Gerechtigkeit willen leidet, so wird er, mit Rücksicht auf den Gnadenantrieb, des ewigen Heiles würdig[55]; und mit Rücksicht auf die Zustimmung des freien Willens ist es billig, daß Gott außerdem noch aus wohlwollender, freundschaftlicher Herablassung seine berechtigten Wünsche erfüllt, z. B. die Bekehrung geliebter Mitmenschen, falls allerdings diese der göttlichen Gnade nicht widerstehen[56].

Ebenso können wir behaupten: als die Jungfrau Maria unter dem Antrieb der Liebe an der Seite Christi litt, wurde sie, mit Rücksicht auf den Gnadenantrieb aus dem Himmel, persönlich des ewigen Heiles würdig; und mit Rücksicht auf die Zustimmung ihres freien Willens war es außerdem billig, daß Gott aus Freigebigkeit ihren tiefsten Wunsch erfüllte, der mit dem Verlangen ihres Sohnes genau übereinstimmte, nämlich das Heil der Welt zu wirken. Maria verdiente also zugleich *auf Grund eines Rechtsanspruches* ihr eigenes Heil und *auf Grund eines Billigkeitsanspruches* das Heil der Welt. Es trifft somit zu, daß sie mitgewirkt hat, um uns die Gnade der Erlösung in diesem Sinn zu verdienen.

Die Verdienste Christi für uns sind jedoch weit höherer Art. Er war zum Haupt des großen Leibes bestimmt, den die Menschheit bildet. Alles, was er unter dem dauernden Antrieb der Liebe vollzog, machte ihn würdig, für alle, die zu Gliedern seines Leibes berufen sind, d. h. für alle Menschen, von

[55] Ebd., IIIa, qu. 48, art. 1.
[56] Vgl. THOMAS VON AQUIN, *Summa theologica,* Ia IIae, qu. 114, art. 6.

Rechts wegen das Heil zu erlangen. Er hat uns also nicht einfach nur kraft eines Billigkeitsanspruches, sondern kraft eines eigentlichen Rechtsanspruches das ewige Leben verdient. Damit uns die Verdienste des Erlösers zugewendet werden, genügt es, daß wir der Gnade nicht widerstehen, die Gott uns schenkt, um uns dem mystischen Leibe Christi anzugliedern. Christus allein hat uns also auf Grund eines Rechtsanspruches die Erlösungsgnade verdient.

4. Der schöne Ehrentitel «Miterlöserin» sowie der sich daraus ergebende Titel «Vermittlerin aller Gnaden» wurden der allerseligsten Jungfrau durch die Päpste der Neuzeit verliehen. Im Rundschreiben *Ad diem illum* vom 2. Februar 1904 schreibt Pius X.: «Durch die Teilnahme am Leiden und Willen Christi verdiente Maria, daß auch sie mit Recht Wiederherstellerin der verlorenen Menschheit genannt wurde und deshalb auch Ausspenderin aller Gnaden, die uns Christus durch seinen Tod und sein Blut erworben hat . . . Da Maria alle anderen Geschöpfe an Heiligkeit und inniger Verbindung mit Christus überragt und da sie von ihm selbst zur Beteiligung am Erlösungswerk herangezogen wurde, verdiente sie uns billigerweise, was Christus von Rechts wegen verdient hat, und so ist sie die vornehmste Mitwirkerin beim Ausspenden der Gnaden.» Ebenso schreibt Benedikt XV. am 22. März 1918: «Als ihr Sohn litt und starb, hat sie sozusagen Leiden und Tod mit ihm erduldet. Um die Menschen zu retten und der Gerechtigkeit Gottes Genugtuung zu leisten, hat sie auf ihre mütterlichen Rechte über ihren

Sohn verzichtet und, soweit sie es vermochte, ihren Sohn zum Opfer gebracht. Man kann folglich mit Fug und Recht behaupten, sie habe mit Christus die Menschheit erlöst.» Und Pius XI. sagt am 2. Februar 1923: «Die Schmerzensmutter hat mit Christus teilgenommen am Erlösungswerk.» Das Wort «Miterlöserin» selber erscheint in zwei Erlassen des Heiligen Offiziums vom 26. Juni 1913 und vom 22. Januar 1914[57].

Das Jawort zum Geheimnis des Kreuzes hat Maria schon zum voraus gegeben, als sie zum Engel ihr «Fiat» sprach. In seinen Ausführungen über diese völlig freie Einwilligung zitiert Leo XIII. das große Wort des heiligen Thomas von Aquin: «Im Augenblick der Verkündigung erwartete Gott das Jawort der Jungfrau als Stellvertreterin der ganzen Menschheit.»[58] Und der Papst fügt hinzu: von jenem überaus großen Gnaden- und Wahrheitsschatz, den der Herr gebracht hat, werde uns nach Gottes Willen nichts zuteil außer durch Maria. Er nennt sie unsere Mittlerin beim Mittler[59].

Offensichtlich ist das Geheimnis der Erlösung in der Kirche vergleichbar einem großen Baum der christlichen Lehre, der immer neue Blüten hervorsprießen läßt.

---

[57] Alle angeführten Texte siehe bei DENZINGER, Ausg. 1928, Nr. 3034 und Anm. 4.
[58] *Summa theologica*, IIIa, qu. 30, art. 1.
[59] Siehe DENZINGER, Ausg. 1928, Nr. 3033.

## MARIA IN OHNMACHT
### (zu Seite 51)

Eine Bittschrift aus den Kreisen der Gläubigen an Papst Julius II. bezweckte einst die Zulassung des Festes *De Spasmo Beatae Mariae Virginis* — Von der Ohnmacht der seligsten Jungfrau Maria — sowie die Gewährung von Ablässen an diesem Fest, das samt Oktav vom Passionssonntag bis zum Palmsonntag gefeiert wurde. Der Papst gab Kardinal Kajetan den Auftrag, die kanonische Zulässigkeit eines solchen Festes zu prüfen und ein Gutachten über dieses Begehren auszuarbeiten.

Wir besitzen die Antwort Kajetans[60]. Sie wurde in Rom verfaßt und trägt das Datum des 17. Juli 1506. Zur Ehre des berühmten Theologen sei folgendes nicht verschwiegen: Wohl irrte er sich einige Jahre später, als er in der umstrittenen Frage der Unbefleckten Empfängnis gegen den Glaubenssinn der Christen Stellung nahm, weil er es für wahrscheinlicher hielt, daß Maria mit der Erbsünde empfangen wurde. Mit dem Gutachten jedoch, das uns hier beschäftigt, hat er sich um die allerseligste Jungfrau sehr verdient gemacht und seine echte Liebe zu ihr deutlich kundgetan[61].

[60] Vgl. *Opuscula,* Bd. III, Trakt. 13.

[61] Sogar bezüglich der Lehre von der Unbefleckten Empfängnis Mariens ist es angebracht, auf sein Verdienst hinzuweisen. War er nämlich betreffs ihrer Wahrscheinlichkeit eher zurückhaltend, so hat er doch sehr gut verstanden, wie sie mit dem Dogma der allgemeinen Erlösung in Einklang gebracht werden kann. Vgl. *Opuscula,* Bd. I, Trakt. 1.

Er will nicht zulassen, daß man von einer Ohnmacht Mariens rede. Erstens, weil sie gemäß dcm Zeugnis des heiligen Johannes aufrecht am Fuße des Kreuzes stand. Sodann weil Maria wie ihr Sohn das Leiden ohne Schwächeanfall zu tragen wußte. Wenn es wahr sei, daß sie voll der Gnaden war, so müssen bei ihr alle körperlichen Schwächen ausgeschlossen sein, die für die Fülle und Vollkommenheit der Gnade ein Hindernis sind. Wäre aber Maria in Ohnmacht gefallen, so wäre es ihr unmöglich gewesen, durch die liebevolle und schmerzhafte Betrachtung der Passion ständig mit ihrem Sohn vereinigt zu bleiben. In dieser schmerzhaften Betrachtung erreichte aber das Mitleiden Mariens den denkbar höchsten und reinsten Grad. Nach dem Schmerz Christi war ohne Zweifel Mariens Schmerz der allertiefste, und trotzdem verhinderte er nie die volle Herrschaft der Seele über den Leib und über das Gefühl.

Unter Vorbehalt des päpstlichen Entscheides kommt also Kajetan zum Schluß, daß es nicht angebracht sei, das Fest der Schmerzensmutter als Fest der Ohnmacht Mariens zu bezeichnen; man müsse dafür einen anderen Namen wählen und ihm einen anderen Tag im liturgischen Kalender anweisen. Die lehrende Kirche hat ihm recht gegeben: und zwar vollständig im ersten Punkt, da sie kein Fest unter diesem Titel feiert; teilweise im zweiten Punkt, da sie das erste Fest der Sieben Schmerzen auf den Freitag nach dem Passionssonntag beschränkt hat.

In seinem Werk «Über die Feste unseres Herrn Jesus Christus, der allerseligsten Jungfrau Maria und einiger

Heiligen»[62] handelt Papst Benedikt XIV. auch von diesem ersten Fest der Sieben Schmerzen Mariä, nennt anerkennend Kajetans Schrift gegen die Ohnmacht Mariens und tadelt die Künstler und Prediger, welche die Schmerzen Mariens jenen der übrigen Frauen allzu ähnlich gestalten oder die Schmerzensmutter in hoffnungsloser Verzweiflung darstellen. Der Papst erinnert an das herrliche Wort des heiligen Ambrosius über Maria: «Sie war sich des Geheimnisses wohl bewußt, daß sie einen Sohn geboren hatte, der einst auferstehen sollte.»[63]

Das Einzige, was wir sagen können, fassen wir in die Worte des heiligen Thomas von Aquin in seinem ergänzenden Kommentar zu einem Ausspruch des heiligen Basilius[64]: Als Maria unter dem Kreuze stand und an die glorreichen Stunden der Vergangenheit zurückdachte: die Botschaft des Engels Gabriel, die über alle Worte erhabene Offenbarung der göttlichen Empfängnis, die staunenerregende Machtbezeugung der Wunder Christi, da wogten in ihrer Seele die Gefühle auf und ab, denn einerseits sah sie ihren Sohn in tiefster Erniedrigung und anderseits erinnerte sie sich an seine Triumphe[65].

[62] Vgl. BENEDIKT XIV., *De festis Domini Nostri Jesu Christi, Beatae Mariae Virginis et quorumdam sanctorum,* II. Buch, Kap. 4.

[63] AMBROSIUS, *De institutione virginis,* Kap. 7; P. L. Bd. XVI, Sp. 318.

[64] Siehe unsere Studie: *Esquisse du développement du dogme marial,* 1954, S. 116-117.

[65] THOMAS VON AQUIN, *Summa theologica,* IIIa, qu. 27, art. 4, ad 2.

## STABAT MATER DOLOROSA

*Gerade während der Drucklegung dieses Buches wurde in der Stadtkirche St. Johann in Schaffhausen am Karfreitag 1974 das berühmte «Stabat Mater Dolorosa» von Antonin Dvorak (sprich Dworschak) unter der Leitung von Musikdirektor Johannes Zentner aufgeführt. Mitglieder des Männerchors Schaffhausen baten uns um Literatur zu diesem Thema und wir konnten ihnen das vorliegende Werk von Kardinal Journet zugänglich machen. Es wurde eine unvergessliche Aufführung, die uns auf den Gedanken brachte, am Schluss dieses Buches den Text dieser berühmten lateinischen Sequenz aus dem Mittelalter zu veröffentlichen, wozu der Autor gerne sein Einverständnis gab. Das Stabat mater wurde im 14. Jahrhundert über ganz Europa verbreitet und fand 1727 auch Aufnahme ins Missale Romanum.*

*Noch ein Wort zur Vertonung des «Stabat mater». Interessant ist die Entstehungsgeschichte dieser Komposition, die vor hundert Jahren entstanden ist. Im September 1875 verlor Antonin Dvorak seine zweitälteste Tochter. In der Fastenzeit des folgenden Jahres begann sich der Künstler mit der Sequenz «Stabat mater» zu beschäftigen, denn der Verlust liess ihm keine Ruhe. Es kam allerdings nur zur Skizzierung des Werkes, da wurde der Künstler wieder von anderen Plänen in Anspruch genommen. Im Sommer 1877 traf ihn ein neuer Schicksalsschlag. Im August verlor er seine zweite Tochter und am 8. September — dem Geburtstag Mariens und seinem eigenen Geburtstag — verlor er seinen erstgeborenen Sohn. Dieser Tod seines Sohnes zwang den Meister, sein Werk zu vollenden. So war er — selbst in den tiefsten Abgrund des Leidens gestossen — in der Lage, das Herzeleid der Muttergottes nachzuempfinden und in einem gewaltigen Meisterwerk von unerhörter Klangfülle zum Ausdruck zu bringen.*

*Arnold Guillet*

Christi Mutter stand mit Schmerzen * Bei dem Kreuz und weint' von Herzen, * Als ihr lieber Sohn da hing.

Durch die Seele voller Trauer, * Seufzend unter Todesschauer, * Jetzt das Schwert des Leidens ging.

Welch ein Weh der Auserkornen, * Da sie sah den Eingebornen, * Wie Er mit dem Tode rang!

Angst und Trauer, Qual und Bangen, * Alles Leid hielt sie umfangen, * Das nur je ein Herz durchdrang.

Wer könnt' ohne Tränen sehen * Christi Mutter also stehen * In so tiefen Jammers Not?

Wer nicht mit der Mutter weinen, * Seinen Schmerz mit ihrem einen, * Leiden bei des Sohnes Tod?

Ach, für Seiner Brüder Schulden * Sah sie Ihn die Marter dulden, * Geißeln, Dornen, Spott und Hohn.

Sah Ihn trostlos und verlassen * An dem blut'gen Kreuz erblassen, * Ihren lieben, einz'gen Sohn.

Gib, o Mutter, Born der Liebe, * Daß ich mich mit dir betrübe, * Daß ich fühl' die Schmerzen dein;

Daß mein Herz von Lieb' entbrenne, * Daß ich nur noch Jesus kenne, * Daß ich liebe Gott allein.

Stabat Mater dolorósa * Juxta Crucem lacrimósa, * Dum pendébat Fílius.

Cujus ánimam geméntem, * Contristátam et doléntem, * Pertransívit gládius.

O quam tristis et afflícta * Fuit illa benedícta * Mater Unigéniti!

Quae maerébat et dolébat, * Pia Mater, dum vidébat * Nati poenas ínclyti.

Quis est homo qui non fleret, * Matrem Christi si vidéret * In tanto supplício?

Quis non posset contristári * Christi Matrem contemplári * Doléntem cum Fílio!

Pro peccátis suae gentis * Vidit Jesum in torméntis * Et flagéllis súbditum.

Vidit suum dulcem Natum * Moriéndo desolátum, * Dum emísit spíritum.

Eja, Mater, fons amóris, * Me sentíre vim dolóris * Fac, ut tecum lúgeam.

Fac, ut árdeat cor meum * In amándo Christum Deum, * Ut sibi compláceam.

Heil'ge Mutter, drück die Wunden, * Die dein Sohn am Kreuz empfunden, * Tief in meine Seele ein.

Ach, das Blut, das Er vergossen, * Ist für mich dahingeflossen; * Laß mich teilen Seine Pein.

Laß mich wahrhaft mit dir weinen, * Mich mit Christi Leid vereinen, * Solang mir das Leben währt.

Unterm Kreuz mit dir zu stehen, * Unverwandt hinaufzusehen, * Ist es, was mein Herz begehrt.

O du Jungfrau der Jungfrauen, * Wollst in Liebe mich anschauen, * Daß ich teile deinen Schmerz.

Daß ich Christi Tod und Leiden, * Marter, Angst und bittres Scheiden, * Fühle wie dein Mutterherz.

Laß mich tragen Seine Peinen, * Mich mit Ihm am Kreuz vereinen, * Trunken sein von Seinem Blut.

Daß nicht zu der ew'gen Flamme * Der Gerichtstag mich verdamme, * Steh, o Jungfrau, für mich gut.

Christus, um der Mutter Leiden * Gib mir einst des Sieges Freuden * Nach des Erdenlebens Streit.

Jesus, wann mein Leib wird sterben, * Laß dann meine Seele erben * Deines Himmels Seligkeit. Amen. Alleluja.

Sancta Mater, istud agas, * Crucifíxi fige plagas * Cordi meo válide.

Tui Nati vulneráti, * Tam dignáti pro me pati, * Pœnas mecum dívide.

Fac me tecum pie flere, * Crucifíxo condolére, * Donec ego víxero.

Juxta Crucem tecum stare * Et me tibi sociáre * In planctu desídero.

Virgo vírginum praeclára, * Mihi jam non sis amára: * Fac me tecum plángere.

Fac, ut portem Christi mortem, * Passiónis fac consórtem * Et plagas recólere.

Fac me plagis vulnerári, * Fac me Cruce inebriári * Et cruóre Fílii.

Flammis ne urar succénsus, * Per te, Virgo, sim defénsus * in die judícii.

Christe, cum sit hinc exíre, * Da per Matrem me veníre * Ad palmam victóriae.

Quando corpus moriétur, * Fac, ut ánimae donétur Paradísi glória. Amen. Allelúja.

Berthe Petit, eine belgische Mystikerin (1870 bis 1943), erhielt in einer Vision von Christus den Auftrag: «Tue alles, damit das Herz meiner Mutter geliebt werde, das durchbohrt wurde von den Schmerzen, die mein Herz zerrissen.»
Wieder einmal hat Gott ein schwaches Werkzeug auserwählt, eine zarte, feinfühlende Frau mit einem reinen Herzen, die mutig ihr Fiat spricht, der es aber nicht erspart bleibt, mit der Mutter des Herrn die Via Dolorosa bis hinaus nach Kalvaria zu gehen, die ihre Botschaft nicht nur mit den Lippen verkündet, sondern durch das Martyrium ihrer Leiden auch physisch zum Ausdruck bringt. Seit 1908 leidet sie unter einem unerträglichen Durst metaphysischen Ursprungs und lebt während 35 Jahren ohne jede feste Nahrung, einzig von der hl. Kommunion. Als Antwort auf ihre Ganzhingabe bekehrt Gott einen jungen französischen Juristen, Dr. Louis Decorsant; er studiert Theologie, wird Priester und schliesslich der Seelenführer und Mitkämpfer von Berthe Petit, der ihre Anliegen und Botschaften an die Bischöfe und den Papst weiterleitet.

\*

Am 30. April 1952 wurde in Lourdes in Gegenwart einer grossen Menschenmenge ein junger Benediktiner aus der Schweiz von einer Sekunde zur anderen von «Multipler Sklerose im Endstadium» geheilt.
Das Buch «Ich wurde in Lourdes geheilt» erregt überall gewaltiges Aufsehen, weil es dokumentarisch einwandfrei etwas beweist, was unsere glaubenslose Welt nicht mehr wahrhaben will.

\*

In der Tschechoslowakei ist ein neues Lourdes im Entstehen begriffen. Genau 100 Jahre nach Lourdes ist die Muttergottes in Turzovka dem Waldaufseher Matousch Laschut erschienen. Hier werden erstmals in Buchform Fakten gesammelt, die ein kritisches Urteil erlauben. Es sind viele, meist nachprüfbare Tatsachen, die zu denken geben. Ein umfangreicher Bildteil soll dem Leser zudem einen authentischen Augenschein ermöglichen.
In Turzovka erscheint die Mutter Gottes in einer derart vertraulichen Nähe und wirkt so viele Wunder, dass beinahe niemand mehr ungläubig bleiben kann.
Was schon Pius IX. über La Salette sagte, gilt auch über Turzovka: «Ihr wollt das Geheimnis von La Salette wissen? Hier ist es: Wenn ihr nicht Busse tut, werdet ihr alle zugrunde gehen.»

Eigenwerke CHRISTIANA-VERLAG

Anders-Thilo, Venite adoremus
5000, 93 S., DM 5.50, Fr. 6.—, S 39.60
Bachinger, Das Leichentuch von Turin
6000, 136 S., DM 8.80, Fr. 9.80, S 64.70
Baij, Das Innenleben Jesu
25 000, 954 S., 2 Bände zus. DM 38.—, Fr. 42.—, S 277.—
Baum, Das Ultimatum Gottes
10 000, 296 S., DM 18.—, Fr. 20.—, S 132.—
Baum, Die apokalyptische Frau aller Völker
25 000, 280 S., DM 17.—, Fr. 19.—, S 112.20
Drexel, Katholisches Glaubensbuch
10 000, 360 S., DM 13.50, Fr. 15.—, S 99.—
Drexel, Ein neuer Prophet? Teilhard de Chardin
10 000, 136 S., DM 7.—, Fr. 7.80, S 51.50
Faraoni, Der Papst der Immaculata —
Leben und Werk Pius' IX., 136 S., DM 8.80, Fr. 9.80, S 64.70
Görlich, Der Wundermönch vom Libanon
10 000, 140 S., DM 8.—, Fr. 8.80, S 58.10
Görlich, Der letzte Kaiser — ein Heiliger? Karl von Österreich
10 000, 176 S., 16 Fotos, DM 8.80, Fr. 9.80, S 64.70
Grufik, Turzovka — Das tschechoslowakische Lourdes
20 000, 136 S., DM 7.—, Fr. 7.80, S 51.50
Guillet, Das Grosse Gebet der Eidgenossen
15 000, 200 S., 32 Bilder, DM 12.50, Fr. 13.80, S 92.—
Guillet, Ich sende meinen Engel
20 000, 32 S., DM 2.—, Fr. 2.—, S 12.—
Guillet, Sende jetzt Deinen Geist
10 000, 32 S., DM 2.—, Fr. 2.—, S 12.—
Guillet, Zwiesprache mit Jesus
ca. 64 S.
Haesele, Eucharistische Wunder aus aller Welt
10 000, 260 S., DM 18.—, Fr. 19.80, S 130.70
Hausmann, Berthe Petit und das schmerzvolle Herz Mariens
10 000, 128 S., DM 7.—, Fr. 7.80, S 51.50
Heim, Die Ver-HERR-lichung Gottes
25 000, 264 S., DM 8.80, Fr. 9.80, S 64.70
Hertzka, So heilt Gott
Die Medizin der hl. Hildegard von Bingen
10 000, 164 S., DM 12.—, Fr. 13.50, S 89.10
Huber, Mein Engel wird vor dir herziehen
30 000, 232 S., DM 8.80, Fr. 9.80, S 64.70
Jungo, Verborgene Krone. Dorothea von Flüe
45 000, 120 S., DM 7.—, Fr. 7.80, S 51.50

Kümmel, Der moderne Mensch vor der Gottesfrage
5000, 81 S., DM 6.20, Fr. 6.80, S 44.90
Lindmayr, Mein Verkehr mit Armen Seelen
20 000, 144 S., DM 7.—, Fr. 7.80, S 51.50
Lüthold-Minder, Freut euch mit mir
Ein Priester nach dem Herzen Gottes
8000, 176 S., DM 12.—, Fr. 13.50, S 89.10
Lüthold-Minder, Ich wurde in Lourdes geheilt
20 000, 132 S., DM 6.20, Fr. 6.80, S 44.90
Lüthold-Minder, Vom Himmel beglaubigt
Die plötzliche Heilung der Anna Melchior
am Tage der Heiligsprechung von Bruder Klaus
10 000, 64 S., DM 2.50, Fr. 2.80, S 21.30
Meyers, Luana I — Zwischen Nirwana und Inferno
275 S., DM 16.—, Fr. 18.—, S 118.80
Meyers, Luana II, DM 18.—, Fr. 21.—, S 138.60
Müller-Markus, Gott kehrt wieder
10 000, 328 S., DM 19.80, Fr. 22.—, S 145.20
Philberth, Der Dreieine. Die Struktur der Schöpfung
15 000, 620 S., DM 27.—, Fr. 30.—, S 198.—
Philberth, Christliche Prophetie und Nuklearenergie
40 000, 216 S., DM 17.80, Fr. 19.80, S 130.70
Ritzel, An der Brust des Herrn,
Leben und Werk von P. Lallinger OSB
5000, 424 S., DM 22.50, Fr. 25.—, S 165.—
Simma, Meine Erlebnisse mit Armen Seelen
90 000, 128 S., DM 6.80, Fr. 6.80, S 44.90
Stolz/Weiss, Patmos — die heilige Insel
10 000, 192 S., DM 8.—, Fr. 8.80, S 58.10
Stolz, Cherub auf dem Gotteshügel
10 000, 160 S., 16 Fotos, DM 8.80, Fr. 9.80, S 64.70
Zenklusen, Aus meinem Leben
211 S., DM 18.—, Fr. 19.80, S 130.70
Görlich, L'ermite du Liban
100 p., FFr. 10.—, SFr. 7.80, $ can. 2.50
Grufik, Turczovka. Le Lourdes tschécoslovaque
136 p., FFr. 10.—, SFr. 7.80, $ can. 2.50
Lama, Les anges
116 p., FFr. 10.—, SFr. 7.80, $ can. 2.50
Lüthold-Minder, J'ai été guéri à Lourdes
136 p., FFr. 10.—, SFr. 7.80, $ can. 2.50
Simma, Les âmes du purgatoire m'ont dit
2. ed., 104 p., FFr. 10.—, SFr. 7.80, $ can. 2.50